엄마랑 아이랑 함께 배우는

어린이 + 응급처치

유복림 저

가꿈유아사

출 판 N O	제302-2005-00041호
발 행 일	2008년 12월 31일
발 행 처	가꿈유아사
주　　소	서울 용산구 용문동 1-74
전　　화	02-712-2535
팩　　스	02-712-2545
웹사이트	www.kakum-yuasa.com
디자인·편집	미 학
표지디자인	정 윤
ISBN	978-89-884700-5-3　13510

무단복제 불허

엄마랑 아이랑 함께 배우는
어린이 + 응급처치

유복림 저

profile

지은이 | 유복림

학력

이화여자대학교 간호학과 졸업
이화여자대학교 대학원 간호학과 졸업
프랑스 마르세이유 국립육아학교 졸업

경력

순천향대학교 병원
적십자간호대학
양정삼성어린이집
삼성화재 신나라어린이집
현 노블카운티삼성어린이집 시설장
부산여자대학, 경남정보대학, 안산 I대학,
강남대학교 보육교사교육원 등 출강

preface

머리말

　간호학을 공부하고 남편을 따라 프랑스로 가게 된 것이 보육과 인연을 맺게 된 계기가 되었다. 간호사로 어린이집에서 근무하며 내가 보기엔 아무 것도 아닌 일에 놀라 소리치는 선생님들 때문에 가슴을 더 졸여야했다. 서혜부탈장으로 눈이 동그레진 박선생님, 피만 보면 현기증을 느끼는 이선생님. 동료 교사들에게 내가 알고 있는 지식을 하나 둘 전하며, 그리고 나는 유아교육에 대해 배우며 서로를 키워나갔다. 이러기를 14여년, 학부모나 교사들에게 어떤 지식이 부족하고 필요한지를 알게 되었고, 가꿈유아사 강현숙대표님의 도움으로 한 권의 책이 되어 나올 수 있게 되었다.

　아이들까지도 재미삼아 볼 수 있도록 전문적인 용어를 최대한 배제하고 쉬운 글과 그림으로 풀어 썼으나 부족한 점이 많으리라고 생각된다. 그러나 어릴 때부터 스스로 안전에 대한 개념을 익히고 대처하는데 도움이 된다면 더할 나위 없이 기쁠 것이다. 끝으로 오늘이 있게끔 해준 삼성복지재단과 나의 가족들에게 고마움을 전한다.

아름다운 노블카운티 동산에서
유복림

Contents

008 응급처치 전에 알아두세요
- 응급처치의 일반적 원칙
- 증상에 따라 자세가 달라요

037 출혈
- 피가 나요
- 코피가 나요
- 귀에서 피가 나요
- 입에서 피가 나요

011 소화기
- 배가 아파요
- 설사를 해요
- 구토를 해요

047 화상
- 열에 의한 화상
- 햇빛에 의한 화상
- 화학약품에 의한 화상
- 전기에 의한 화상

019 이물질에 의한 사고
- 목에 이물질이 걸렸어요
- 이물질을 삼켰어요
- 독극물을 삼켰어요
- 눈에 이물질이 들어갔어요
- 귀에 이물질이 들어갔어요
- 코에 이물질을 넣었어요
- 피부에 이물질이 박혔어요

061 관절과 근육의 문제
- 발목을 삐었어요
- 팔이 빠졌어요
- 멍이 들었어요
- 쥐가 나요

071 골절
- 아래팔을 다쳤을 때
- 위팔을 다쳤을 때
- 팔꿈치를 다쳤을 때
- 쇄골을 다쳤을 때
- 손가락을 다쳤을 때
- 허벅지를 다쳤을 때
- 정강이를 다쳤을 때
- 무릎을 다쳤을 때
- 발목을 다쳤을 때

079 외상
- 넘어져서 긁혔어요(찰과상)
- 칼에 베었어요(절상)
- 못에 찔렸어요(자상)
- 찢어졌어요(열상)

089 동식물, 곤충에 의한 상처
- 개(고양이)에게 물렸어요
- 뱀에게 물렸어요
- 해파리에게 쏘였어요
- 벌에게 쏘였어요
- 모기, 개미에게 물렸어요
- 다른 아이가 깨물었어요
- 식물에 의한 사고

105 체온
- 열이 나요
- 일사병
- 열사병
- 저체온증
- 동상

117 기타 응급상황들
- 딸꾹질이 나요.
- 경련(경기)을 해요
- 머리를 부딪쳤어요
- 뇌빈혈
- 이를 다쳤어요

129 부록
- 올바른 손씻기
- 올바른 이닦기
- 약은 이렇게 먹이세요
- 예방접종
- 아동표준발육표
- 인공호흡과 심장마사지
- 응급전화번호
- 가정용 구급약품

응급 처치 전에 알아두세요.

응급처치란 다친 사람이나 갑자기 심하게 아픈 사람이 병원에서 전문적인 치료를 받기 전까지 상처나 아픔이 더 심해지지 않도록 하는 임시적인 조치를 말해요. 몇 분 내에 이루어지는 이 처치를 어떻게 하느냐에 따라 예후가 달라질 수 있고 경우에 따라서는 생명까지 좌우되기도 해요.

영유아가 당하는 사고나 시급한 증상은 가벼운 부상에서부터 질식, 사망에 이르기까지 매우 다양해요. 사고의 발생과 대처 방식은 영유아의 신체적, 정서적 발달에 영향을 줄 뿐 아니라 평생의 삶의 질을 좌우해요. 따라서 그 피해를 최대한 줄이려는 노력이 우선되어야 하며, 그 일환으로 응급처치가 이루어져야 해요. 그리고 응급처치 후에는 지체 없이 전문의의 진료를 받는 것도 잊어서는 안 돼요.

■ 응급처치의 일반적 원칙

1. 위험지역에서 안전지역으로 옮기세요.
2. 원인과 상황을 파악하며 주위에 있는 위험물질을 제거하세요.
3. 의식이 있나 확인하세요. 의식을 확인하는 방법은 먼저 아이의 양쪽 어깨를 잡고 가볍게 흔들며 이름을 불러보아요. 아무런 반응이 없으면 손등, 발등, 볼을 가볍게 꼬집어보아요. 이때도 반응이 없으면 의식을 잃은 것으로 호흡기에 공기가 들어갈 수 있도록 기도를 유지하세요.
3. 호흡정지, 심한 출혈, 쇼크, 음독, 중독 순으로 긴급해요.
4. 숨을 쉬는지 확인하세요. 배나 가슴이 아래위로 오르내리는지 보거나 아이의 입과 코 가까이 얼굴을 대어 숨을 느껴보아요. 숨을 쉬지 않으면 인공호흡을 해주세요.

5. 맥박을 확인하세요. 맥박이 느껴지지 않으면 심장마사지를 하세요. 아기들은 팔이 통통하여 손목에서 맥박을 재기 어려우므로 둘째, 셋째, 넷째 손가락을 이용하여 겨드랑이 아래 부위 혹은 목 중앙선 약간 옆을 살짝 누르세요.
6. 출혈이 있으면 피를 멈추게 하세요. 출혈이 많으면 재빨리 지혈을 시키면서 의식과 호흡을 확인하고, 출혈이 적으면 의식과 호흡에 대한 처치를 먼저 하세요.
7. 쇼크를 예방하는 처치를 하세요. 다리를 올려주고 몸을 따뜻하게 해주세요.
8. 상처에는 먼지, 세균, 이물질이 닿지 않도록 보호해야 해요.
9. 아이의 불안을 없애기 위해 안아주고 말로써 안심시켜 주세요.
10. 의식이 없거나 출혈이 심할 때는 마실 것, 먹을 것을 주면 안 돼요.

호흡확인

인공호흡

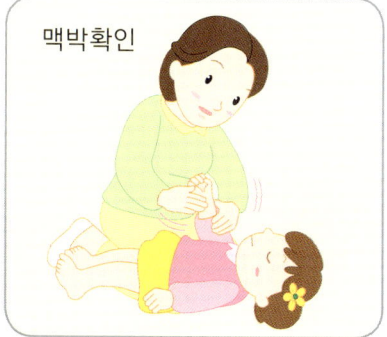

맥박확인

심장마사지

■ 증상에 따라 자세가 달라요

1. 일반적으로 베개를 베지 않고 수평으로 눕히세요.

2. 구토를 할 때 혹은 의식이 없을 때
   우선 옆으로 눕히세요. 그리고 고개를 뒤로 약간 젖혀주면 기도가 열리며, 토하더라도 토물이 밖으로 저절로 흘러나와 기관지를 막지 않아요.

3. 호흡이 곤란할 때
   호흡이 곤란할 때는 윗몸을 일으켜 뒤를 받쳐 주세요. 흉곽을 가장 크게 해주므로 호흡기 질환(폐렴, 기관지염, 천식 등)을 앓을 때도 이 자세가 도움이 되지요.

4. 쇼크 발생 시
   얼굴이 창백할 때는 발쪽을 높게 하여, 뇌와 심장에 혈액이 충분히 가도록 해주세요. 다리에서 피가 날 때도 이 자세를 취하게 하세요.

소화기

- 배가 아파요
- 설사를 해요
- 구토를 해요

배가 아파요

배가 아픈 원인은 여러 가지가 있을 수 있어요. 위, 장, 충수(맹장), 복막 또는 복강 내의 장기에 염증이 있거나 위나 창자가 막힌 경우에 배가 아파요. 위 또는 대장 경련이 있거나 위장·비장·간·신장이 파열되었을 때도 배가 몹시 아플 수 있어요. 그러나 배에 가스가 찼거나 변을 오랫동안 보지 못한 경우와 같이 사소한 원인이 복통을 일으키기도 해요.

➕ 응급처치법

1. 원인을 찾을 때까지 아무 것도 먹이지 마세요. 또 함부로 설사하게 하는 약을 주어서도 안 돼요.
2. 배 근육의 긴장을 풀어주기 위하여 아이의 무릎을 굽히고 무릎 아래는 담요로 받쳐주세요.
3. 아이가 편안해 하는 자세로 눕혀도 좋아요. 배를 감싸고 몸을 구부리면 통증이 줄어들어요.
4. 복압을 줄이기 위하여 옷을 느슨하게 해주고 단추, 벨트 따위는 풀어주세요.
5. 부드럽게 배를 만져 보고 아파하는 부위를 확인해보세요. 병의 종류와 심한 정도에 따라 아픈 부위가 다르기 때문이에요. 위가 아플 때는 배꼽 위 중앙에서, 담낭의 경우는 오른쪽 옆구리에서, 신장의 경우는 양쪽 옆구리에서 통증을 느껴요. 충수염(맹장염)일 때는 오른쪽 아랫배가 아파요. 때로는 아랫배 중앙이나 왼쪽 옆구리에 통증이 있는 경우도 있어요. 급성 복막염이나 장폐색 시에는 배 전체에 통증이 있어요.
6. 극심한 복통이 아니면 배를 가볍게 문질러 주거나 따뜻하게 해주세요.
7. 변비로 인할 때는 관장을 시키나 습관성이 되지 않도록 유의하며, 평소 식습관으로 교정하도록 해주세요.
8. 안정을 취한 후에도 복통이 가라앉지 않으면 의사에게 보이세요. 의사에게 보일 때 소변, 대변의 상태나 체온 등을 알려준다면 진단에 도움이 될 거예요.

설사를 해요

　설사를 일으키는 원인은 무수히 많아요. 바이러스성 설사, 세균성 설사, 기생충에 의한 설사와 같은 급성 감염성 설사가 있고, 감염 이외의 원인으로 항생제 사용, 식이성, 알레르기성 설사 등이 있어요. 가장 흔한 것이 바이러스성 장염에 의한 설사인데, 식중독, 오염된 물, 상한 음식 등으로도 걸릴 수 있어요. 구토를 함께 하기도 하는데 심한 설사는 탈수의 원인이 되므로 심각하다고 할 수 있어요. 아이는 성인에 비해 신체에서 물이 차지하는 비율이 높기 때문에 탈수로 인하여 쇼크를 야기하거나 생명이 위험할 수도 있어서 조심해야 돼요.

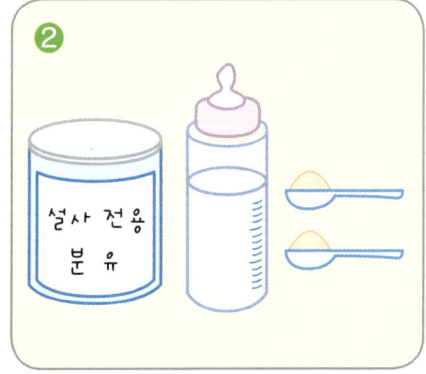

🞥 응급처치법

1 수분을 공급해주세요. 토하지만 않는다면 보리차, 정수한 물, 이온 음료(1세 이하의 영아는 물을 1/4 정도 타서)를 소량씩 30분 간격으로 마시게 하세요. 시판되는 경구용 포도당 전해질 용액을 먹이는 것도 좋아요.

2 분유를 먹는 영아의 경우, 우유를 묽게 주거나 설사 전용 분유를 주세요. 단 장기간 사용은 의사와 상의하여야 해요.

3 쌀로 만든 미음이나 죽을 주세요. 소화하기 어려운 것이나 기름기가 많은 음식은 주지 않는 게 좋아요. 설사가 멈추더라도 바로 일반식으로 주지 말고 2~3일 여유를 두고 점차적으로 바꿔주세요.

4 단순히 설사를 멈추기 위해 지사제를 먹이지 않아요. 설사란 장염이나 식중독처럼 장에 나쁜 것이 들어왔을 때 이것을 빨리 몸 밖으로 내보내어 우리 몸을 지키는 중요한 생리활동이기 때문이에요. 따라서 설사를 일으키는 원인을 치료하는 것이 더욱 중요해요.

5 설사가 지속되고 체중이 줄며, 대변에 피가 섞여 나오거나 소변량이 감소하며, 아이가 축 늘어지면 의사에게 데려가도록 하세요.

탈수의 증상

① 입술이 마르고 갈증이 심해져요.
② 눈이 쑥 들어가요.
③ 울 때 눈물이 말라요.
④ 아이가 보채거나 반대로 처져요.
⑤ 소변량이 줄어들어요(1세 이하의 경우 8시간, 1세 이상의 경우 12시간 이상 소변을 보지 않음).

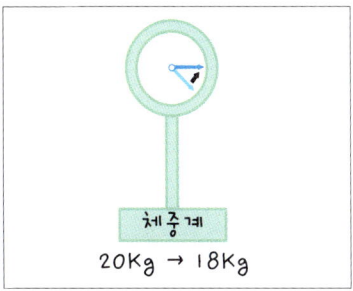

구토를 해요

구토는 아이들에게 가장 흔한 위장 관련 증상이에요. 신생아 시기에는 위의 해부학적 특성으로 인하여 잦은 구토가 있으나 이것은 정상으로 볼 수 있어요. 식사를 많이 한 후 우유나 음식물이 역류하는 경우도 있어요. 그러나 열이 나거나, 배가 몹시 아프며 설사를 동반한다면 주의를 해야 해요. 또한 뇌염, 뇌수막염, 뇌종양과 같은 위험한 질병의 증상일 수도 있어요.

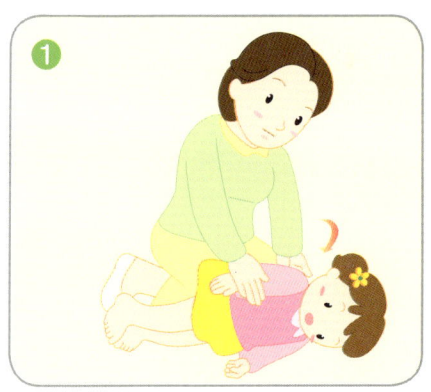

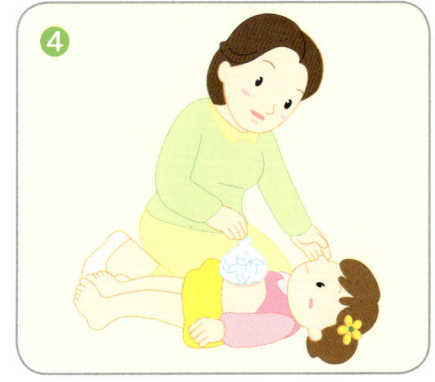

➕ 응급처치법

1. 옷을 느슨하게 해주고 옆으로 눕혀서 구토물에 기도가 막히지 않도록 해주세요. 토할 때 가장 위험한 것은 질식이랍니다.
2. 구토물은 의사에게 보일 수 있도록 보관하세요.
3. 손가락에 손수건을 말아 입 안의 구토물을 닦아내거나 의식이 있으면 입을 헹구게 하여 불쾌감을 덜 느끼도록 해주세요. 입 안에 역겨운 냄새가 남아 있으면 구토를 유발해요.
4. 절대 먹을 것을 주지 않으며 목이 말라 하면 얼음 한 조각을 입 안에 넣어주거나 거즈를 적셔 입술을 축여 주세요.
5. 위 주위에 얼음주머니를 대면 통증이 가라앉을 수 있지만 너무 차게 하면 안 돼요.
6. 토한 횟수와 양상을 잘 관찰하여 의사에게 설명하세요.

객혈(폐출혈)과 토혈(위장출혈)

식중독이나 약물 중독시의 구토는 자기 몸을 방어하는 생리활동이므로 무리하게 멈추려고 할 필요가 없어요. 단, 구토물에 피가 섞여 있다면 폐나 위에 출혈이 있을 수 있으므로 즉시 의사에게 데려 가야 해요. 폐출혈은 기침과 함께 선홍색의 피가 거품이나 가래와 섞여 나오며, 위장 출혈 시는 검붉은 피가 나오며 소화되다만 음식물이 섞여 있는 경우가 많아요.

이물질에 의한 사고

- 목에 이물질이 걸렸어요
- 이물질을 삼켰어요
- 독극물을 삼켰어요
- 눈에 이물질이 들어갔어요
- 귀에 이물질이 들어갔어요
- 코에 이물질을 넣었어요
- 피부에 이물질이 박혔어요

목에 이물질이 걸렸어요

 아이들은 호기심이 많아 무엇이든지 입에 가져 갑니다. 구슬, 단추, 동전, 장난감 등을 입에 집어넣었다가 목에 걸리기도 하고, 사탕, 땅콩, 덩어리가 큰 음식 등이 목에 걸리기도 하지요.
 목구멍에 이물질이 걸리면 저절로 기침을 하게 되어 뱉게 되어요. 그러나 때로는 공기가 폐로 들어가는 길을 막아 겔겔 소리를 내며 괴로운 호흡을 하며 얼굴과 입술이 새파랗게 되어요.

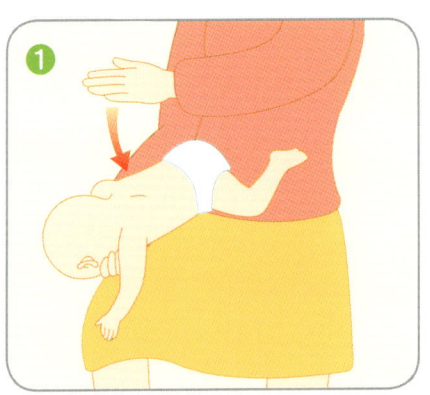

➕ 응급처치법

1 등을 두드려요.

- 아기의 몸무게에 따라 턱과 가슴을 받치거나 넓적다리 위에 엎어 놓고 다른 손의 손바닥으로 등 가운데(어깨뼈 사이)를 4~5회 세게 그리고 재빠르게 두드리세요. 이때 머리는 가슴보다 낮은 위치에 두어야 해요.
- 어린이의 경우 한쪽 손바닥을 아이의 가슴에 대고 다른 손바닥으로 어깨뼈 사이를 세게, 재빨리 4~5회 두드리세요. 역시 머리는 가슴보다 낮게 두어야 해요.

2 어린이의 경우 등을 두드려도 효과가 없으면 배를 밀쳐 올리세요.

- 아이의 등 뒤에 서서 겨드랑이 밑으로 두 팔을 넣으세요.
- 한 손은 주먹을 쥐고 엄지손가락 부분이 아이의 명치 부분을 누르도록 대고 다른 한 손으로 주먹을 감싸 꼭 잡으세요.

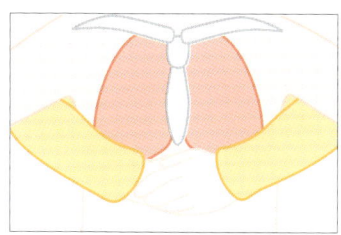

- 빠르게 세게 훑어 올리듯이 당기세요.
- 이물질이 나왔는지 수시로 확인하세요.

이물질을 삼켰어요

아이들은 호기심으로 뭔가 먹어보기도 하고, 갑자기 웃거나 울거나 넘어지면서 입 안에 가지고 놀던 장난감, 단추 등을 삼키는 경우가 많아요. 이물질을 삼키고도 별 증상이 없으면 이미 위에 들어갔다고 볼 수 있어요.

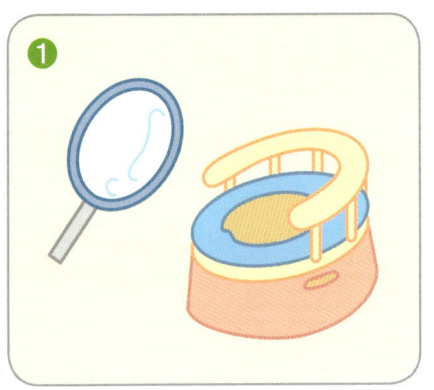

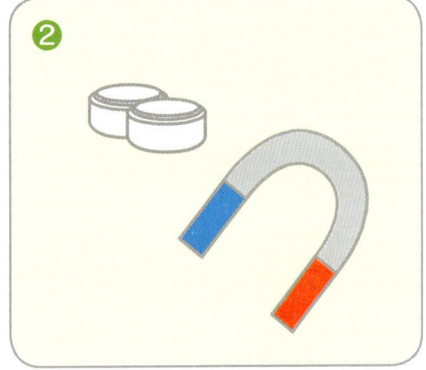

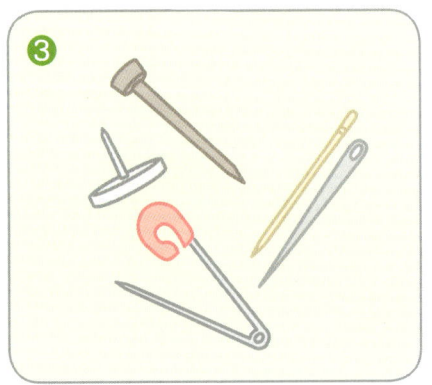

장난감을 살 때는 완구에 표시된 연령 경고 마크를 확인합니다.

➕ 응급처치법

1. 삼킨 것이 부드럽고 작은 것이라면 그냥 두어도 괜찮으나 매번 대변을 이동식 변기에 보게 해 이물이 나왔는지 확인하세요. 식사는 평소대로 해도 좋습니다.

2. 단, 납이나 수은 성분이 들어간 것, 2개 이상의 자석이나 자석과 금속물질을 함께 삼키면 위험하므로 응급실을 찾아가세요.

3. 삼킨 것이 길거나 날카로운 것이면 내장을 다치게 할 수 있으므로 꼭 응급실에 가야 해요.

생선가시가 목에 걸렸을 때

아이들에게 생선 반찬을 줄 때 간혹 가시가 목에 박히는 일이 일어나지요. 음식물 덩어리를 삼키게 하면 운이 좋아 가시가 빠지는 경우도 있으나 잘못하면 더 깊이 박힐 수 있어요. 따라서 이비인후과에 데리고 가는 편이 나아요. 가는 가시는 시간이 지나면 녹아서 없어지기도 해요.

독극물을 삼켰어요

 아이들은 손에 닿는 것은 무엇이든 입으로 가져가는 습성이 있어 어른들이 무심코 둔 세제, 표백제, 화장품, 각종 약물 등을 삼킬 수가 있어요. 독이 되는 것을 삼키더라도 내용물, 삼킨 양, 경과 시간에 따라 증상이 무척 다르기 때문에 중독이라고 판단하기가 매우 어려워요. 일단 알 수 없는 내용물을 삼켰을 때는 생명이 위험할 수 있다고 가정하고 조치를 취해야 해요.

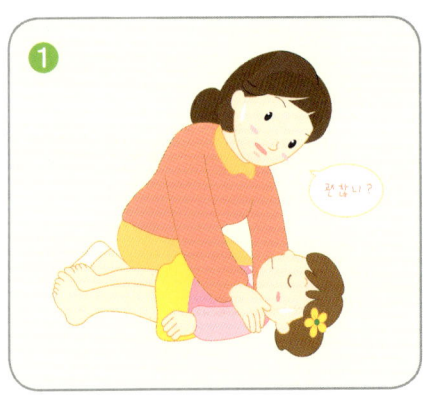

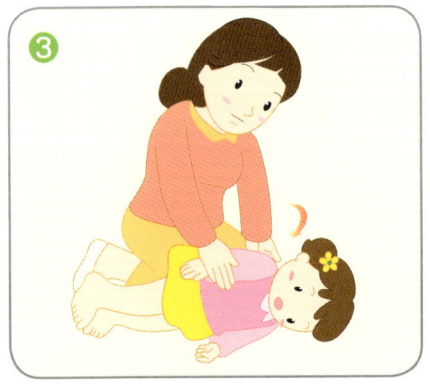

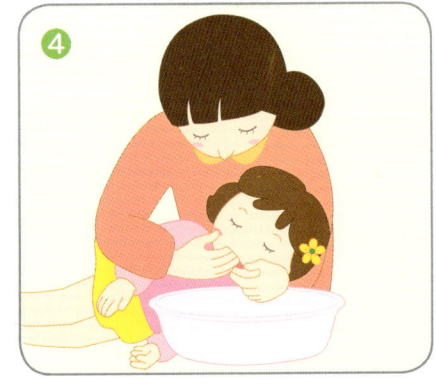

이 물 질

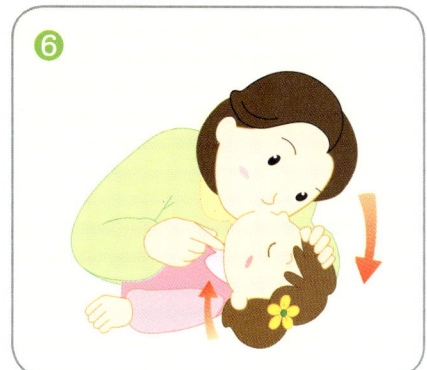

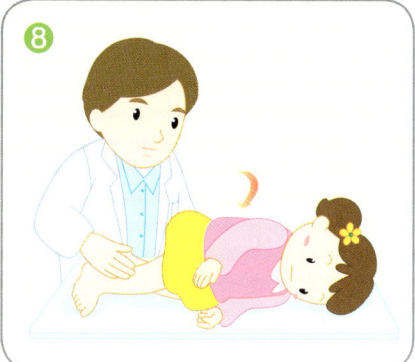

➕ 응급처치법

1. 어깨를 잡아 부드럽게 흔들거나 이름을 불러 의식이 있는지 없는지 먼저 확인하세요.

2. 만일 의식이 있다면 제일 먼저 어떤 종류의 독극물을 먹었는지 물어서 알아내야 해요.

3. 담배, 크레용, 구두약, 잉크, 쥐약, 농약 등은 즉시 토하게 하세요. 누워 있다면 토한 것이 목구멍을 막지 않도록 옆으로 눕히세요.

4. 잘 토하지 못할 때에는 혓줄기를 손가락으로 눌러주세요. 손가락을 물릴 염려가 있으므로 손수건이나 거즈로 감싸고 하세요.

5. 세제, 표백제, 휘발유, 요오드팅크, 아세톤을 마셨을 때와 입 안이 짓물러 있을 때, 의식이 없을 때는 삼킨 것을 토하게 해서는 안 돼요.

6. 숨을 쉬지 않을 때는 즉시 인공호흡 혹은 인공호흡과 심장마사지를 함과 동시에 구급차를 부르세요. 아이의 입에 독극물이 남아 있을 가능성이 있으면 코에 대고 인공호흡을 하세요.

7. 119가 올 때까지 혹은 병원으로 옮길 때는 왼쪽으로 눕히세요. 독극물이 소장으로 넘어가는 시간을 어느 정도 지연시킬 수 있어요.

   · 삼킨 내용물에 따라 응급처치가 다르므로 119에 연락하여 먹었거나 먹었을 것으로 추정되는 독극물의 종류를 말하고 적절한 응급처치법을 도움 받으세요.
   · 세제나 표백제는 강산, 강알칼리로 토하게 하면 내용물이 나오면서 다시 한 번 더 식도나 목, 입 안에 손상을 입히게 되니 주의하세요.
   · 휘발유, 아세톤은 휘발성이 강하여 즉시 토하게 하면 폐로 흡인될 가능성이 있어요. 또 나중에 폐렴 등 합병증을 일으킬 위험도 높으므로 주의하세요.

8. 병원에 갈 때는 삼키고 남은 물체나 토한 것이 있으면 함께 가지고 가야 진찰할 때 참고가 되어요.

삼킨 내용물에 따른 처리

▶ 물이나 우유를 먹여 토하게 해야 하는 경우

담배나 재떨이의 물, 주방용 세제, 액체 세제, 헤어 제품(헤어토닉 포함), 화장수, 향수 또는 오데코롱, 샴푸나 린스, 유연제, 비누, 부엌용 세제, 건조제 중 염화 칼슘성분.

▶ 토하게 하되, 우유를 먹여서는 안되는 경우

좀약(나프탈렌, 장뇌), 화장실용 탈취제(팰러디클로로벤젠계)

▶ 물이나 우유를 먹여 희석하지만 토하게 하지 않는 경우

표백제, 주택용 세제, 화장실용 탈취제(유기산계)

▶ 아무 것도 먹여서는 안되고 토하게도 하면 안되는 경우

유성도료, 합성수지도료, 살충제, 등유, 벤젠, 화장실 세정제, 메니큐어, 신나, 배수펌프제 등을 삼킨 경우

눈에 이물질이 들어갔어요

 바람 때문에 눈에 흙이나 먼지가 들어가는 경우도 있고, 어린이들끼리 놀다가 화가 나서 친구에게 모래를 던지기도 하지요. 또 각종 스프레이 등을 잘못 다루어 눈을 향해 누를 수도 있어요.

 눈은 가장 신경이 예민한 곳으로 작은 것이 들어가도 불편을 느껴요. 마구 비벼대면 상처가 생기고 그 곳에 세균이 들어가 염증이 생기거나 각막이 상하여 시력장애를 일으키는 수도 있어요.

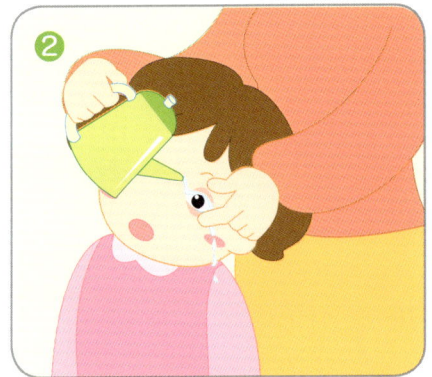

➕ 응급처치법

1. 눈을 비비지 못하도록 손을 붙잡으세요.
2. 눈을 살며시 감고 그대로 기다리게 하세요. 이물질에 의한 자극으로 눈물이 흘러 자연히 제거될 수도 있어요. 아이가 울면 울게 내버려두세요. 눈물에 씻겨 이물질이 나올 수도 있기 때문이에요.
3. 그래도 안 나오면 불빛을 향해 앉히세요.
4. 엄지와 검지로 눈꺼풀을 조심스럽게 열어 눈을 자세히 살피세요. 아이에게 눈을 왼쪽, 오른쪽, 아래, 위로 돌려보게 하세요.
5. 이물질이 보이면 깨끗한 물(생리적 식염수가 가장 좋음)을 주전자 같은 그릇에 담아 눈 안쪽에서 바깥쪽으로 부어서 눈을 씻어주세요. 큰 아이들은 물속에서 눈을 깜빡이게 하면 이물질이 떠내려 갈 수 있어요.
6. 그래도 나오지 않을 때는 티를 찾아 젖은 면봉이나 젖은 천(손수건, 거즈)의 끝으로 꺼내세요.
7. 화학물질이 들어간 경우에는 즉시 흐르는 물에 15~20분 정도로 충분히 씻겨 주세요. 씻겨 나온 화학물질이 다른 눈에 들어가지 않도록 하기 위하여 다친 눈이 아래로 향하게 해야 해요.
8. 뾰족한 연필, 젓가락 등 날카로운 물건에 찔렸거나 눈에 이물이 박혀 있거나 눈에서 피가 나면 손수건이나 붕대로 두 눈을 다 가려 눈동자를 움직이지 않게 한 후 병원에 데리고 가세요.
9. 야구공, 축구공 같은 것에 맞은 경우에는 우선 잘 보이는지 살펴본 후 잘 보이지 않는다면 양쪽 눈을 가리고 머리를 높게 하여 안정을 취한 후 즉시 병원에 데리고 가세요.

귀에 이물질이 들어갔어요

 아이들은 놀다가 작은 구슬, 비비탄 총알 같은 장난감 조각을 귀에 넣기도 하고, 때로는 작은 곤충이 귓속으로 날아 들어가기도 해요. 이것들은 귀를 막아 일시적으로 소리를 듣지 못하게 하거나 고막을 다치게 하고 중이염 같은 질병을 일으킬 수도 있어요. 귀에 들어간 물질에 따라 응급처치 방법이 달라요.

➕ 응급처치법

1 작은 물체가 들어갔을 때
물체가 들어간 쪽 귀를 밑으로 하고 귀를 잡아당기고서 반대편 머리를 두드리세요. 작은 것이 눈으로 보이면 핀셋으로 꺼내거나 귀이개를 귀의 벽을 따라 넣어 이물의 뒤쪽에 대고 꺼내면 돼요. 그러나 더 깊이 들어갈 우려가 있을 때는 이비인후과에 데리고 가야 해요.

2 벌레가 들어갔을 때
귀를 밝은 쪽으로 향하게 하거나 어두운 곳에서 귀를 잡아당기고 손전등을 비춰요. 혹은 스포이트로 미지근한 물을 귀에 몇 방울 흘려보내 벌레가 기어 나오도록 해도 좋아요. 다른 방법으로 담배 연기를 뿜어도 효과가 있어요.

3 물이 들어갔을 때
물이 들어간 쪽의 귀를 밑으로 하고 한 발로 뛰게 하세요. 혹은 같은 자세에서 따뜻한 돌을 귀에 대고 있으면 물이 나와요. 면봉을 조심스럽게 넣어 훔쳐내고 그래도 불편해하면 이비인후과로 찾아가요.

♣ 귀를 잡아당길 때 3세 이상의 어린이는 뒤로 그리고 위로, 3세 미만의 어린이는 뒤로 그리고 아래로 당겨야 귓구멍이 일직선이 돼요.

코에 이물질을 넣었어요

 아이들은 작은 물체를 코 속으로 밀어 넣기도 하고, 코에 조그만 물체를 넣고 장난을 치다가 잘못하면 깊이 들어가기도 하지요. 그러나 다른 쪽 콧구멍이나 입으로 숨을 쉴 수 있기 때문에 코가 부어오르고 나쁜 냄새가 나며 피, 고름이 섞인 코가 나올 때까지 모르고 오래 내버려둘 수도 있어요.

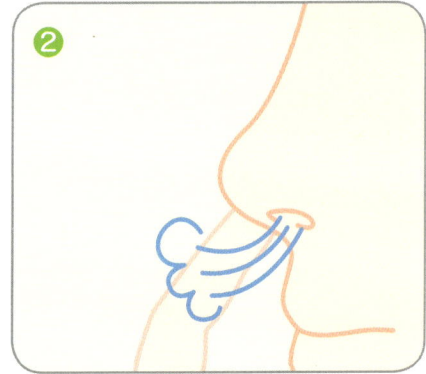

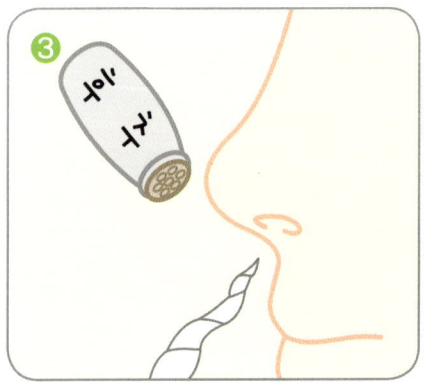

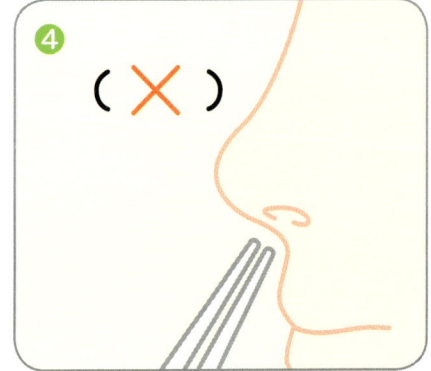

➕ 응급처치법

1. 큰 아이라면 입을 다물게 하고 이물질이 들어가지 않은 쪽의 콧구멍을 누르고 코를 '흥' 풀게 하세요. 이때 너무 세게 하면 귀고막이 찢어질 수 있으므로 주의해야 해요.

2. 작고 매끄러운 것이 들어갔다면 후추를 이용하거나 휴지를 말아 콧구멍을 자극하여 재채기를 시키면 쉽게 빠져나와요.

3. 핀셋이나 족집게 등으로 꺼내려 하다가 오히려 더 밀어 넣을 수도 있으므로 위와 같은 방법으로 나오지 않을 때는 이비인후과에 데리고 가는 게 더 나아요.

♣ 코에 단추형 건전지가 들어가서 오랜 시간이 경과한 경우에는 코 내부를 좌, 우로 나누어 주는 칸막이 벽이 뚫릴 수 있어요. 그 밖의 다른 이물질들도 축농증, 알러지성 비염 등을 일으킬 수 있어요. 아이가 숨 쉬는게 평소와 다르지 않은지 유심히 관찰하세요.

피부에 이물질이 박혔어요

 가시나 작은 유리조각 같은 이물질은 큰 상처를 내지 않지만 이물질 자체가 흔히 먼지나 세균을 가지고 있기 때문에 주의해야 해요. 상처가 깨끗한지 파상풍 예방접종은 했는지 확인해야 합니다.

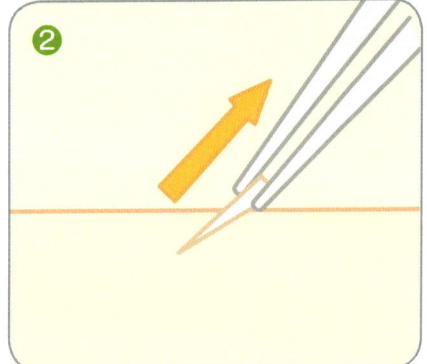

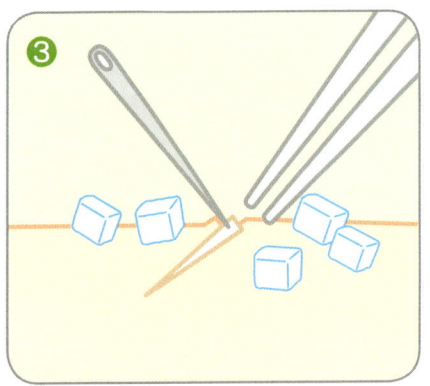

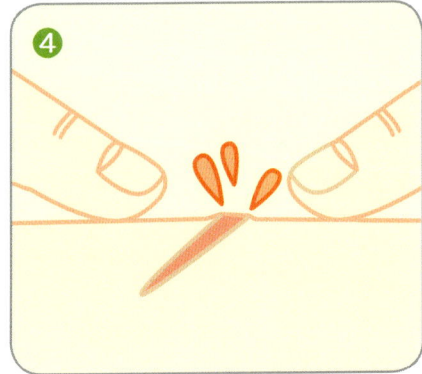

➕ 응급처치법

1. 핀셋 혹은 바늘을 소독용 알코올에 담가 소독하세요. 알코올이 없으면 불꽃에 발갛게 달구어 또는 끓는 물에 넣고 5분 이상 소독하여 식혀서 사용하세요.

2. 가시 끝이 보이면 소독된 핀셋이나 집게로 잡아 들어간 길을 따라 잡아당겨 빼주세요.

3. 가시 끝이 보이지 않으면 주변에 얼음 조각을 대서 그 부분의 감각이 무뎌지게 한 다음 소독된 바늘 끝으로 피부를 헤치고 한쪽 끝을 나오게 한 다음 핀셋이나 집게로 잡아당겨 빼주세요..

4. 박힌 가시를 뺀 다음에는 상처 부위를 눌러 피가 나오게 하세요. 상처가 깊더라도 좁아 내부를 구석 구석 소독하는 것은 어려우므로 출혈을 시켜 더러운 것을 제거하기 위함이에요.

5. 비누와 물로 깨끗이 씻어주세요.

6. 그러나 상처에 깊이 박혀 있는 이물질은 무리하게 빼내면 오히려 피가 많이 날 수 있으므로 다음과 같이 처치해 주세요.

   ① 피가 나면 상처의 양 끝을 눌러서 피를 멈추게 하세요.

   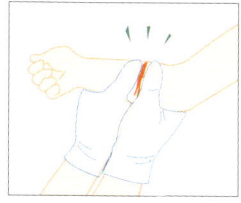

   ② 상처 주변을 거즈로 덮어서 세균이 침입하지 않도록 하고, 이물질이 눌리지 않도록 주의하며 붕대로 감아주세요.

   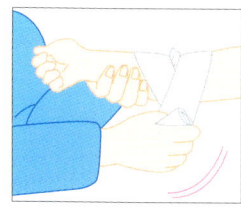

   ③ 외과나 응급실로 데리고 가세요.

출혈

- 피가 나요
- 코피가 나요
- 귀에서 피가 나요
- 입에서 피가 나요

피가 나요

상처가 났을 때 피가 나면 당황하게 되죠. 그러나 큰 동맥을 다치는 경우를 제외하고는 간단한 방법으로 피를 멈추게 할 수 있어요.

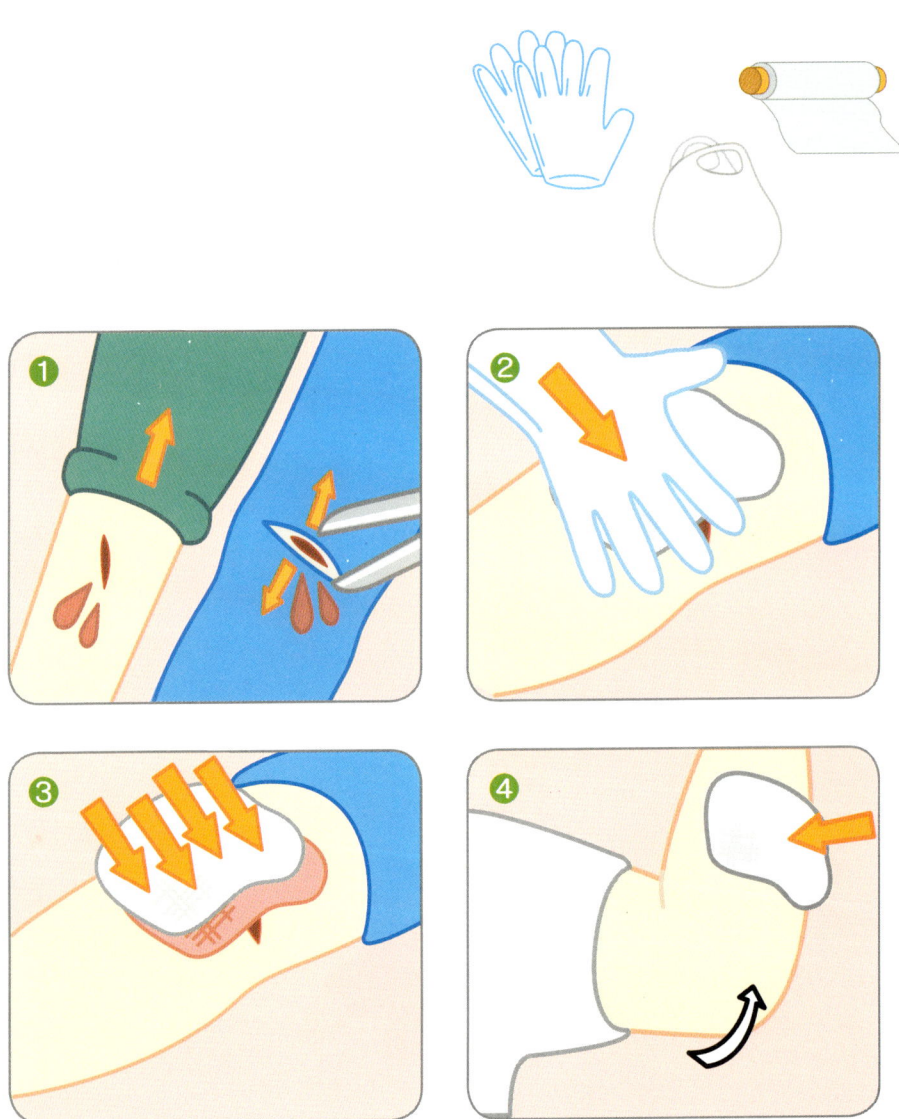

➕ 응급처치법

1. 우선 처치를 할 사람은 자신을 보호하기 위해 위생 장갑을 끼세요. 장갑이 없으면 비닐 랩이나 비닐봉지를 사용하세요.
2. 옷을 벗기거나 잘라서 피가 나는 부위를 찾으세요.
3. 상처 위에 멸균거즈나 깨끗한 천을 두툼하게 직접 대고 손가락이나 손바닥으로 세게 눌러주세요.
4. 만약 피가 스며 나오면 거즈나 천을 갈지 말고 그 위에 새 것을 덧대어 이전보다 더 세게, 더 넓은 부위를 눌러주세요.
5. 팔이나 다리에 피가 날 때에는 누르면서 상처 부위를 심장보다 높게 들어 올려주세요.
6. 피가 멎으면 상처에 댄 거즈가 움직이지 않게 압박붕대로 감아주세요. 이때 피가 통하지 않을 정도로 단단하게 감지 마세요.
7. 붕대를 감고 난 후 손, 발의 경우 손가락, 발가락이 저리고 색깔이 검푸르게 변하며 손목, 발목의 맥박이 잘 느껴지지 않는다면 붕대를 너무 세게 감은 것이므로 느슨하게 해주세요.

♣ 이물질이 박혀 있는 상처, 눈의 상처, 골절의 경우에는 그 부위를 직접 누르면 안 돼요.

코피가 나요

 코 부분에 충격을 받아 코피가 날 수도 있지만 피곤하거나 코를 후비는 경우에 피가 나기도 하지요. 아이들의 코피는 코 속의 앞쪽 모세혈관이 터져 생기는 경우가 많아요.

➕ 응급처치법

1. 의자에 앉히거나 등받이에 기대게 하고서 머리를 앞으로 숙이게 하여 피가 목구멍으로 넘어가지 않도록 해주세요.

2. 두 손가락으로 콧방울 양쪽을 5분 이상 꼭 눌러주세요. 가벼운 코피라면 콧방울을 쥐고 있는 것만으로도 피가 멈추어요.

3. 피가 계속 나면 솜이나 거즈로 콧구멍을 틀어막아 주세요.

4. 그래도 멈추지 않을 때는 찬 물수건이나 얼음주머니를 콧잔등에 대주세요. 콧속의 혈관을 수축하게 하여 지혈 효과가 있어요.

5. 너무 자주 코피를 흘리면 이비인후과 의사의 진찰을 받도록 해주세요.

♣ 솜이나 거즈는 콧구멍 속에 가득 차게 밀어 넣되, 너무 자주 갈면 오히려 출혈이 심해질 수도 있으니 주의하세요.

귀에서 피가 나요

귀에서 피가 나는 것은 대부분 고막이 찢어졌기 때문입니다. 귀에 이물질을 넣었거나, 뺨이나 머리를 강하게 얻어맞았을 때, 폭발음 같은 커다란 소리를 가까이서 들었을 때 고막이 다치는 수가 있어요. 귀가 매우 아프며, 소리가 들리지 않게 되지요.

고막 파열 외에 머리를 다쳐서 뇌척수액이 흘러 나오는 경우도 있어요. 고막을 다쳤을 때는 밝은 붉은 색 피가 나며, 뇌척수액이 흘러 나올 때는 물이 섞인 모양의 혈액이 특징이예요.

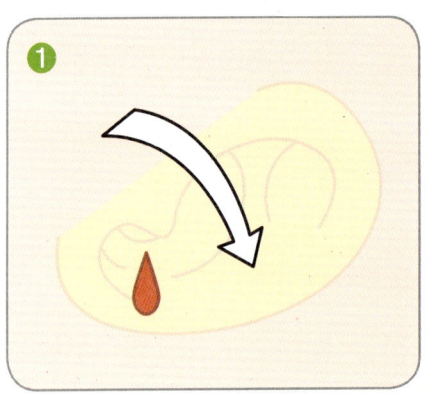

멸균 거즈, 천

➕ 응급처치법

1. 비스듬히 앉힌 상태에서 다친 귀를 밑으로 하여 피가 잘 흘러나오도록 해주세요.
2. 멸균거즈나 깨끗한 천을 귀에 대주세요.
3. 병원으로 데리고 가세요. 방치하면 세균이 중이(가운데 귀)에 침입하여 감염될 위험이 있어요.

♣ 귀에서 피가 난다고 해서 귓구멍을 막는 것은 좋지 않아요.

귀지란?

귀이개, 면봉 등으로 귀지를 파다가 고막을 다치는 경우가 가장 많아요. 귀도 코처럼 털이 있는데 외부로부터 들어오는 먼지, 이물질 등을 걸러주지요. 이것들과 귀 내부 피부 각질이 귀의 땀샘이나 피지선에서 분비되는 물질과 합쳐져 생기는 것이 귀지에요. 수시로 파주어 청결히 관리하는 것이 좋을 것으로 생각되지만 오히려 안좋은 영향을 주어요. 귀지는 귓속 바깥 통로(외이도)의 피부를 한 겹 덮어 외부 자극으로부터 귀를 보호하지요. 또 귀지 속에는 항균 물질이 있어 세균 침입을 막는 중요한 역할도 해요.

귓구멍은 아래로 경사가 져있어 일부러 파지 않아도 귀지가 저절로 몸 밖으로 나오게 되어 있어요. 귀이개 등 딱딱한 도구를 이용해 귀지를 파면 약한 피부에 상처를 입히고 염증을 일으킬 위험이 있어요.

입에서 피가 나요

입 안에는 혀, 잇몸, 입술, 입 안 점막 등 피가 날 수 있는 곳도 다양하고, 원인도 다양해요. 그러나 가벼운 상처는 잘 낫기도 합니다. 아이들은 주로 넘어지면서 자기 이에 의해 입 안을 많이 다쳐요.

🞤 응급처치법

1. 혀에 상처가 생기면 피가 많이 흘러요. 피를 삼키지 말고 뱉게 하세요. 멸균거즈를 사용하여 혀를 위아래로 거머쥐듯이 잡으세요. 상처가 클 때에는 하루 동안 더운 음식을 먹이지 않는 게 좋아요.
2. 입술에서 피가 날 때는 멸균거즈를 대고 입술 안과 밖을 눌러주세요.
3. 입 안에서 피가 날 때도 멸균거즈로 다친 부위를 직접 눌러 피가 멈추게 하세요. 흘린 피나 침을 삼키지 않도록 고개를 앞으로 숙여주세요.
4. 넘어지면서 이가 땅에 부딪쳐 잇몸에서 피가 날 때는 멸균거즈로 다친 잇몸 부위를 눌러주세요.

♣ 피가 멎으면 반드시 소독약으로 소독을 해주세요. 입 안에는 과산화수소수를 사용하세요.

화상

- 열에 의한 화상
- 화학약품에 의한 화상
- 전기에 의한 화상

피부가 뜨거운 물, 기름, 증기, 화학물질, 전기 등에 닿으면 화상을 입을 수 있어요. 피부가 손상을 받아 제 기능을 다 할 수 없기 때문에 2차적인 감염과 수분 및 전해질의 소실이 더 위험합니다.

화상은 그 원인에 따라 다음과 같이 분류할 수 있어요.

- 열에 의한 화상
- 화학약품에 의한 화상
- 전기에 의한 화상

또한 손상의 정도에 따라서는 다음과 같이 분류해요.

- 1도 화상 : 피부 표면만 손상된 것으로 화상을 입은 부위가 화끈거리며 피부색이 붉어져요. 물집은 생기지 않습니다.
- 2도 화상 : 피부의 가장 바깥층인 표피와 바로 밑 진피층이 손상되고, 물집이 생겨요.
- 3도 화상 : 표피, 진피 그리고 피부층 바로 밑에 있는 피하조직까지 데었을 때를 말해요. 따라서 상처 부위의 모세혈관, 말초신경도 손상을 입지요. 파괴된 조직은 갈색이나 까만색으로 변해요.

화상의 범위를 측정하는 데는 성인의 경우 9의 법칙(Rule of Nines)을 사용해요. 몸 전체 피부 표면적을 9%씩 11군데의 부위로 나눈 것이에요.

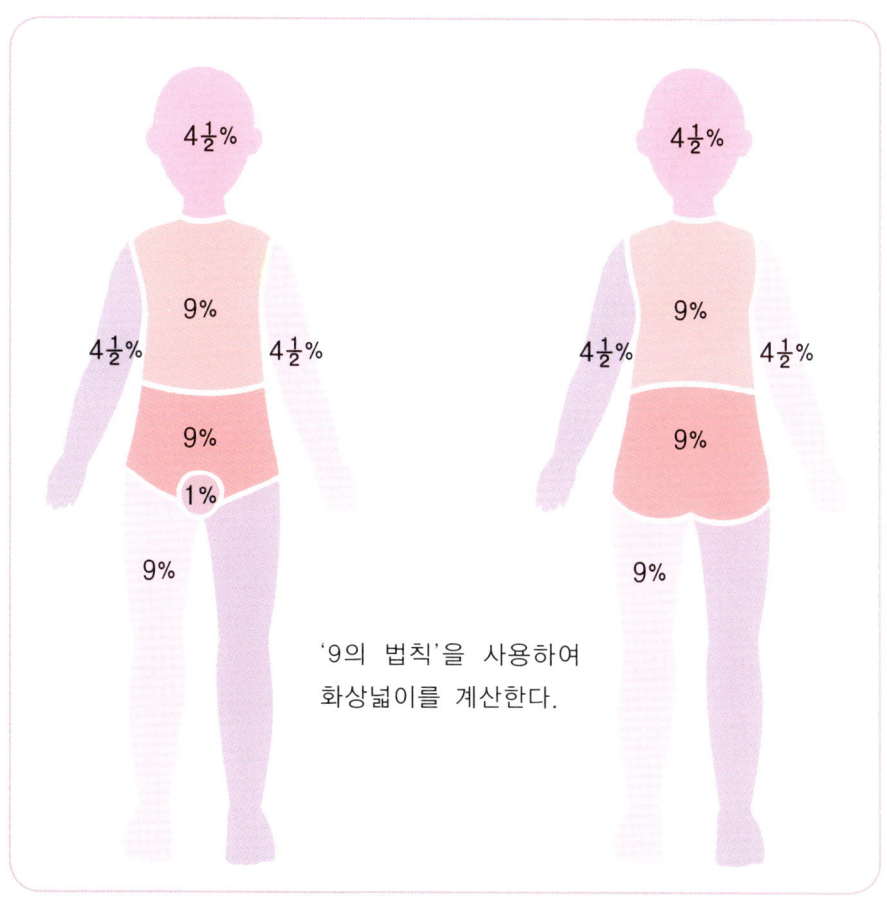

'9의 법칙'을 사용하여 화상넓이를 계산한다.

아이들은 신체 각 부위의 피부 표면적의 크기가 성인과 달라요. 나이에 따라 변화하지요. 영아 때는 머리 부위의 표면적이 크지만 점차 몸통, 다리 부위의 표면적이 커져요.

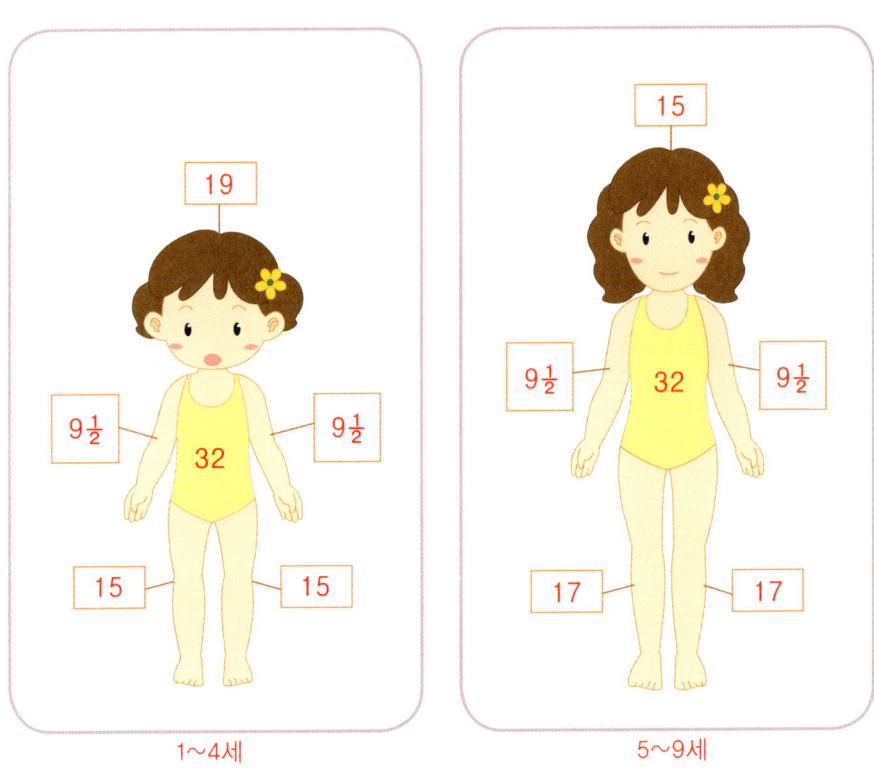

1~4세   5~9세

♣ 화상을 입은 아이의 손바닥 하나 크기가 그 아이의 총 피부 표면적의 1%에 해당해요. 2세 미만에서는 6% 이상, 2세 이상에서는 10% 이상의 화상을 입으면 입원을 시켜 치료를 해요.

이와 같이 화상의 넓이와 깊이에 따라 화상의 정도를 진단하고 치료도 달리 하게 되는데, 깊이보다 넓이가 더 문제가 되어요. 그리고 똑같은 '2도 화상, 10%'라고 하더라도 나이가 어릴수록 더 위험하고 치명적이에요.

가벼운 화상은 가정에서도 치료할 수 있겠으나, 화상 치료는 2차적인 감염을 예방하기 위해 무균적 처치가 필수적이에요. 일반적으로 가정에서는 이것이 불가능하므로 일반외과, 성형외과 등을 찾습니다. 특히 아래의 경우에는 반드시 병원에 가야합니다.

- 화상 부위가 유아의 손바닥 면적보다 넓은 경우
- 얼굴, 손에 화상을 입어 외관상 문제가 될 때
- 목, 겨드랑이, 손가락, 손목, 팔꿈치 등에 화상을 입어 움직이는 기능에 장애가 우려될 때
- 경상이더라도 통증이 24시간 이상 지속될 때

화상부위가 클 때에는 쇼크에 대비한 응급처치도 이루어져야 해요.

열에 의한 화상

뜨거운 물이나 음식, 전기밥솥의 증기, 다리미 등에 의해 가정이나 유아교육기관에서 흔히 일어나는 화상이에요. 만일 입과 목 안에 심한 화상을 입으면 기도가 부어 숨길이 막힐 수 있으므로 시급을 다투는 상황이에요.

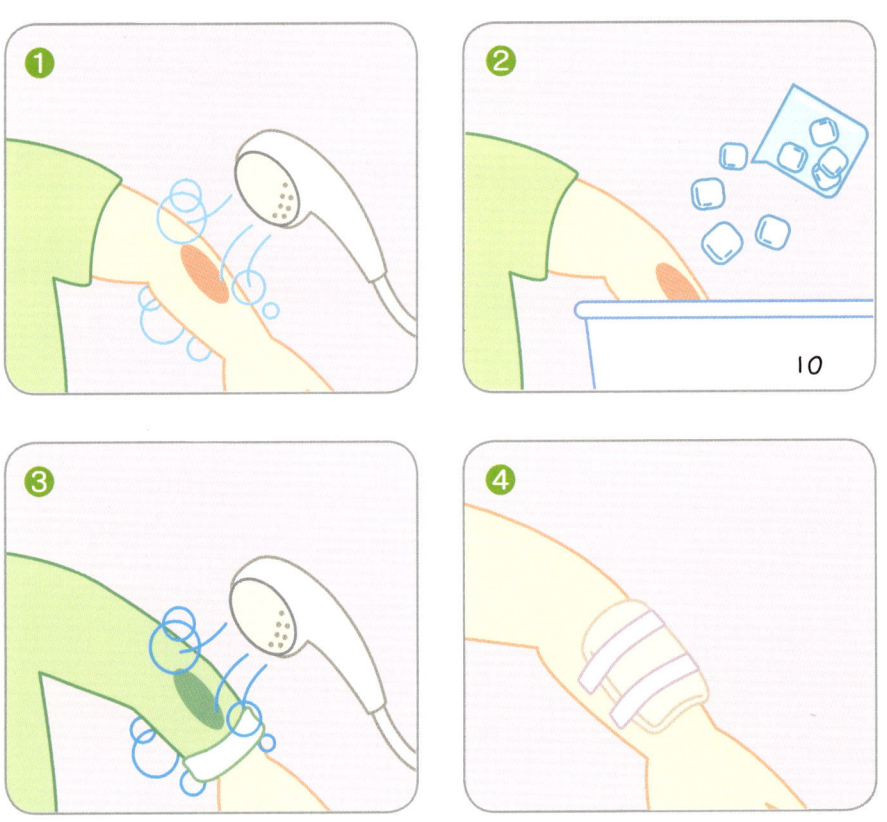

🞢 응급처치법

1. 덴 부위를 흐르는 차가운 물에 최소한 20분 이상 식혀주세요. 피부에 전해진 열이 더 이상 다른 부위를 손상시키는 것을 막아주기 위해서예요.

2. 만약 상처 부위가 넓으면 욕조에 차가운 물을 받아 담그게 하세요. 얼음을 넣어 물의 온도를 내릴 수도 있어요. 온도는 10℃가 적당해요. 그러나 온도 변화가 너무 심하지 않도록 유의해야 해요. 왜냐하면 쇼크를 일으킬 수 있기 때문이에요.

3. 머리, 얼굴 등 씻기가 곤란한 곳은 얼음주머니를 이용하여 차게 해주세요. 10~15분 정도만 사용해 주세요. 동상에 유의해야 하니까요.

4. 옷을 입은 채 화상을 입었을 때에는 벗기느라 시간을 보내지 말고 바로 위에서 물을 흘려주는 것이 좋아요. 피부에 겉옷이 달라붙었을 때는 무리해서 벗기지 말고 가위로 잘라내야 하며 떨어지지 않는 옷은 억지로 떼지 말고 그대로 식혀주세요.

5. 물집이 생기더라도 터뜨리지 마세요. 그냥 두어 사그라지면 속에서 새 살이 나와 물집 껍데기가 자연히 벗겨져요. 물집이 터진 경우에는 소독한 가위나 핀셋을 이용하여 잘라내고 바셀린거즈를 대주세요. 공기에 노출되면 흉터가 더 심해지므로 붕대를 감는 것이 좋아요.

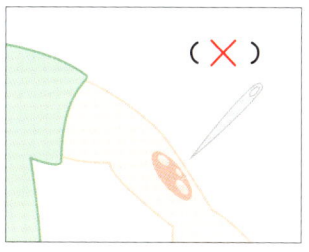

6. 병원으로 갈 경우에는 멸균거즈만 덮어 데리고 가세요. 멸균거즈가 없을 때는 보푸라기가 없는 깨끗한 손수건으로 덮어요.

7. 화상 부위가 작더라도 관절 등 기능 상실이 우려되는 곳은 반드시 병원에 데리고 가야 해요.

햇빛에 의한 화상

여름철 바닷가에서 뜨거운 햇볕 아래에 오랫동안 놀다 보면 피부가 벌겋게 되어 화끈거리며 가렵고, 심하면 물집이 생겨요. 햇빛에 의해 화상을 입은 것으로 일종의 열에 의한 화상입니다.

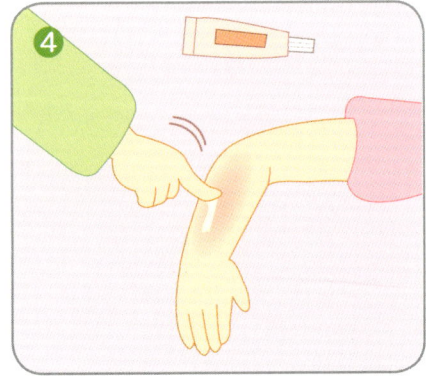

➕ 응급처치법

1. 그늘이나 실내로 옮겨주세요.
2. 피부를 찬 물로 닦아주거나 찬물에 담가 식혀주세요.
3. 물을 마시게 하세요.
4. 화상 연고를 발라주세요.

화학약품에 의한 화상

산이나 알칼리 등의 화학물질에 의한 화상이에요. 열에 의한 화상과 달리 증상이 천천히 나타나기도 해요.

🞤 응급처치법

1. 응급처치자가 먼저 고무장갑을 끼거나 두꺼운 타월 등으로 손을 감아 화학약품에 해를 입지 않도록 스스로를 보호해야 해요.

2. 열에 의한 화상의 경우와 같이 처치하나 더 오랜 시간 찬 물에 식혀주세요.

3. 씻어낸 물을 잘 처리하여 그 물에 의해 또 다른 화상이 일어나지 않도록 주의하세요.

4. 호흡과 맥박을 잘 관찰하면서 병원에 데리고 가세요.

5. 눈에 화학물질이 들어갔을 때는 손가락으로 눈꺼풀을 벌리고 즉시 흐르는 물에 15~20분 정도 충분히 씻겨 주세요. 물줄기는 너무 세게 하지 마세요. 그리고 씻겨 나온 화학물질이 다른 눈에 들어가지 않도록 얼굴 가운데 쪽에서 바깥쪽으로 물이 흐르게 하세요. 다음 안대나 깨끗한 천으로 눈을 가리고 병원에 데리고 가세요.

전기에 의한 화상

전기에 의한 화상은 대개 감전과 함께 발생해요. 유아들은 끊어진 전깃줄을 손으로 만지거나 전깃줄을 빨거나, 전원에 핀이나 쇠젓가락, 금속성 장난감 등을 꽂아 감전이 되는 수가 있어요. 눈에는 보이지 않으나 내부 손상이 생기는 수도 있고, 심장마비를 일으키기도 해요.

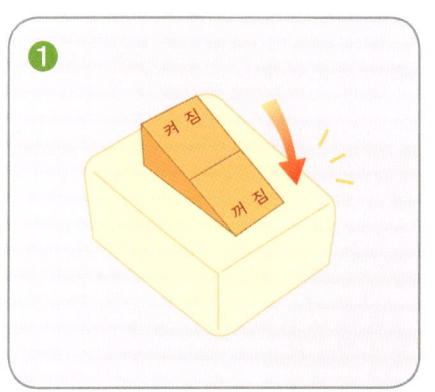

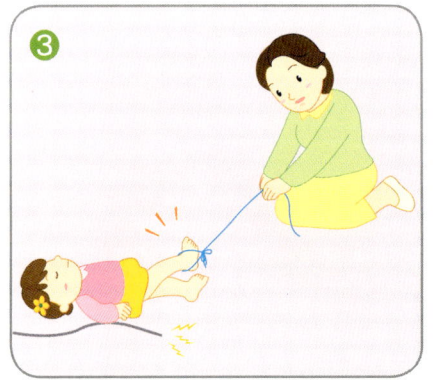

➕ 응급처치법

1. 먼저 감전 물체의 전원을 차단하세요. 만약 전원을 찾지 못하거나 전원을 차단하는 것이 불가능할 때에는 응급처치자가 나무막대기나 플라스틱 등의 절연체를 이용하여 감전된 유아를 감전 물체에서 분리시키세요. 전기가 통하지 않는 고무장갑을 껴도 좋아요.

2. 안전한 장소에 눕히고 의식이 있는지 없는지 살피세요. 호흡이 멈추었을 때는 인공호흡을, 심장이 멈추었을 때는 심장마사지를 해주세요.

3. 화상 부위를 찾으세요. 전기에 의한 화상은 손상 부위가 좁고 깊은 것이 특징이에요. 화상을 입은 곳과 그 부위의 몸의 반대편까지 살펴보아 화상이 이어져 있는지 확인하세요.

4. 화상을 입은 부위는 몸의 깊은 곳까지 충분히 차게 해주세요.

5. 화상을 입은 부위가 감염되지 않도록 하여 병원으로 데리고 가세요.

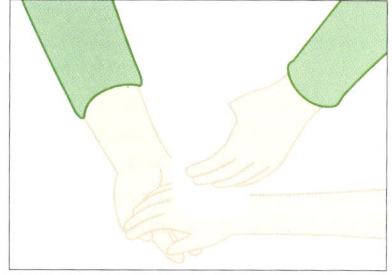

불이 붙었을 때 안전하게 대처하는 방법

옷이나 몸에 불이 붙었을 때 안전하게 대처하는 방법을 평소 아이들에게 충분히 교육해 주세요. 대부분의 아이들은 자신의 옷이나 몸에 불이 붙으면 당황해서 발을 구르거나 몸을 흔들게 되어요. 그러나 놀라서 뛰게 되면 산소가 오히려 더 많아져 불길이 더 커져요. 또 옷을 벗는 것도 더 큰 화상을 초래할 수 있어 위험합니다.

이때는 멈춘다 – 엎드린다 – 구른다의 순으로 행동해야 돼요.

좀 더 구체적으로 아래와 같이 가르쳐주세요.

- 등 : 등을 땅에 대고 누워 비벼서 꺼요.
- 배 : 배를 땅에 대고 비벼서 꺼요.
- 머리 : 옷을 머리 위로 올려 끄거나 옷을 벗어 친구의 머리를 감싸주거나 머리를 털어서 꺼요.
- 다리 : 불이 붙은 다리를 땅에 대고 비벼서 꺼요.

관절과 근육의 문제

- 발목을 삐었어요
- 팔이 빠졌어요
- 멍이 들었어요
- 쥐가 나요

발목을 삐었어요

관절의 인대가 늘어나거나 찢어져 손상을 입은 상태예요. 처음에는 겉으로 증상이 나타나지 않으며 그다지 아프지 않을 수도 있어요. 그러나 시간이 지나면서 부위가 점점 부어오르고 멍이 든 것처럼 시퍼렇게 되며 많이 아파요.

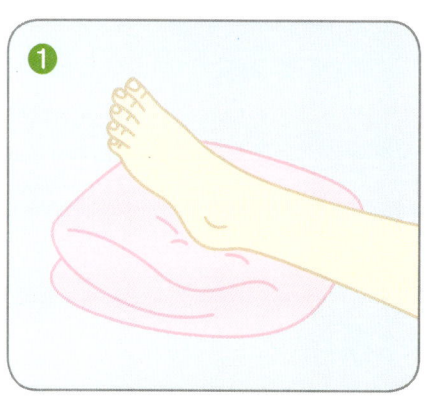
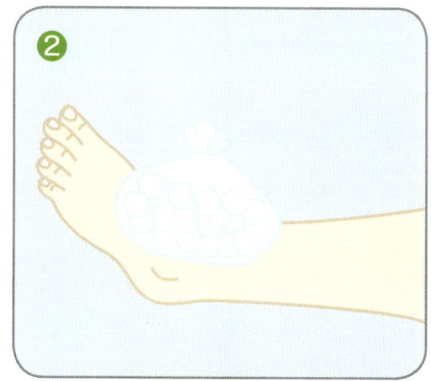
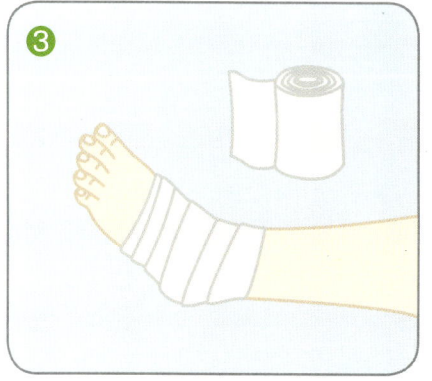
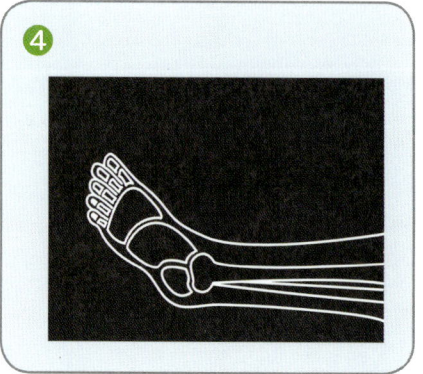

➕ 응급처치법

1. 발을 올리고 편히 쉬게 하세요.
2. 삔 부위에 얼음주머니로 냉찜질을 해주세요.
3. 심한 경우는 탄력붕대를 감아주세요.
4. X-Ray 촬영으로 뼈의 손상 여부를 확인하는 것이 좋으므로 정형외과로 데려가세요.

♣ 단순히 삔 경우는 탄력붕대를 감고 운동을 제한하면 하루 정도 지나면 부기가 가라앉아요. 부기와 통증을 줄이기 위해 냉찜질을 함께 해주세요.

팔이 빠졌어요

뼈의 머리(골두) 부분은 관절낭에 싸여 있어요. 그런데 이 골두가 관절낭을 빠져 나온 상태가 탈구예요. 영유아는 관절낭이 성인만큼 발달해 있지 않아 작은 충격에도 쉽게 탈구가 일어나요. 특히 팔꿈치, 어깨, 턱의 관절에서 많아요. 탈구가 되면 움직일 수 없고 매우 아프며 그 부분이 부어올라요.

➕ 응급처치법

1. 탈구된 부위가 움직이지 않도록 조심하여 편안한 자세를 취하게 해주세요.
2. 부목을 대주어 고정시켜 주세요.
3. 필요에 따라 냉찜질을 하며 정형외과로 데리고 가세요.
4. 사고가 난 상황을 자세히 설명하면 진단에 도움이 돼요.
5. 뼈를 제자리에 넣는 처치(정복)를 하게 됩니다.

♣ 탈구된 관절 주변 조직에 혈액 공급이 안 되거나 인대, 신경, 근육 손상이 있을 수 있으므로 반드시 전문의에게 치료를 받도록 해야 해요.

부목 대기

두 가지 방법이 있어요. 하나는 부목(만일 부목이 없으면 널빤지, 막대자, 나뭇가지, 우산, 스키보드, 신문, 잡지, 젓가락 등 딱딱한 물체)을 다친 부위보다 위의 관절에서부터 다친 부위 아래 관절까지 대어 삼각건(삼각건이 없으면 천, 손수건, 벨트 등)을 이용하여 묶어주는 것이에요. 너무 조여서 혈액 순환을 방해하지 않는지는 말단 부위의 피부색을 살펴보거나 손톱, 발톱을 눌러 3초 내에 색이 돌아오는지로 알 수 있어요.

다른 방법은 우리 몸의 다른 부위에 팔이나 다리를 붙이는 방법이에요. 다친 발가락을 옆의 다치지 않은 발가락과 같이 붕대로 감거나 다친 팔을 환자의 가슴에 붙여 움직이지 못하게 하는 방법이에요.

※ 주의 : 위의 부목 대는 방법은 응급 시에 사용하는 임시방편이에요. 병원에 가면 다친 관절과 부상의 종류에 따라 적절한 방법의 부목이나 깁스를 해주어요.

턱이 빠졌을 때

하품을 크게 하다보면 턱이 빠지는 수가 있어요. 이때는

① 어금니 부위에 양손 엄지손가락을 갖다 대어요.
② 나머지 손가락으로 아래턱을 잡아주세요.
③ 아래턱 전체를 밑으로 뒤로 세게 밀어주세요. 밑으로 내려주기만 해도 근육의 수축작용으로 턱이 본래의 자리로 갈 수 있어요.

④ 원래대로 돌아온 후에는 당분간 조심해야 해요. 턱 빠짐은 습관성이 많기 때문이에요.
⑤ 맞추기가 어려울 때는 치과나 정형외과를 방문하세요.

멍이 들었어요

타박상은 피부 표면에 분포된 실핏줄들이 타격이나 충격으로 터진 것을 말해요. 멍은 처음에는 붉은색이었다가 시일이 지남에 따라 보라색, 연두색으로 변해요. 멍이 들면 부어오르게 되고 건드리면 아파요.

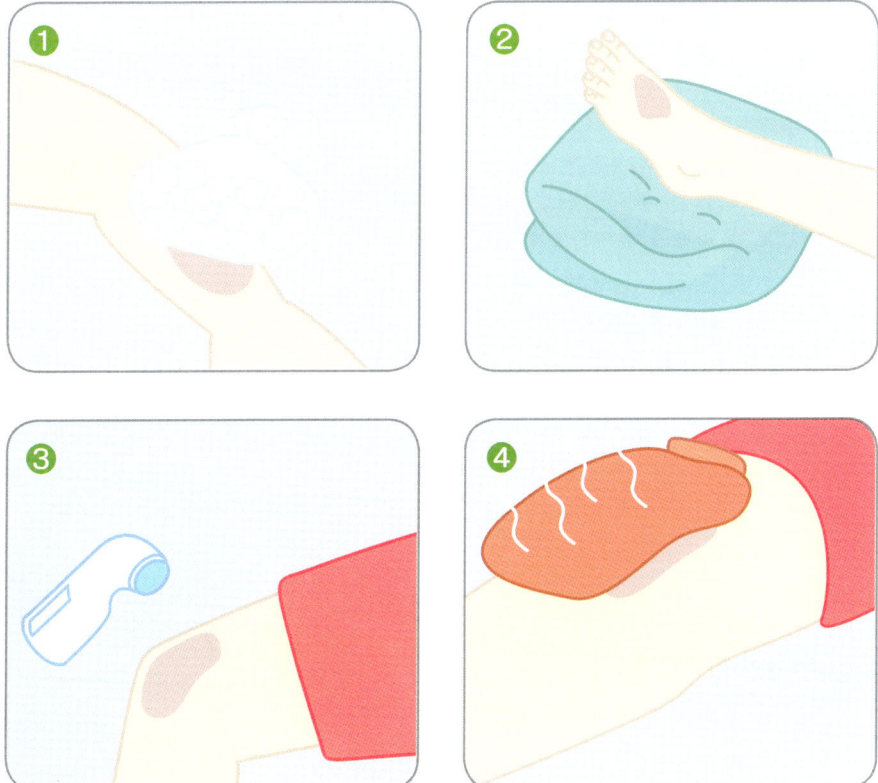

➕ 응급처치법

1. 냉찜질을 해주세요. 5~10분간 얼음주머니를 얹고 있다가 15~20분간 떼어내는 과정을 반복해주세요. 얼음주머니를 너무 오랫동안 계속 사용하면 동상에 걸릴 우려가 있으니 주의하세요.

2. 멍이 든 부위를 높여줄 수 있으면 높여주세요.

3. 피부에 개방된 상처가 없으면 통증 완화를 위한 약을 발라도 좋아요.

4. 부기가 가라앉고 이틀 정도가 지나면 온찜질을 해서 멍이 든 곳의 피가 잘 흡수 될 수 있게 하세요.

찜질의 종류

찜질에는 온찜질과 냉찜질이 있는데 부상의 종류나 손상의 시기에 따라 적절한 방법을 선택하여 실시하여야 한다.

1. 온찜질

시판되는 찜질팩을 사용하거나 물을 따뜻하게 하여 고무주머니에 넣은 후 수건에 싸서 아픈 부위에 올려놓으세요. 유아들은 피부가 약하고 뜨겁다는 것을 잘 표현하지 못하므로 온도에 유의하여야 해요.

- 허리나 팔, 다리의 근육이 아픈 경우
- 멍이 든 자리가 회복되는 시기
- 생리통이 있는 경우

2. 냉찜질

시판되는 찜질팩을 냉장고에 넣어두었다가 사용하거나 얼음을 고무주머니 혹은 비닐에 넣어 수건에 싸서 아픈 부위에 올려놓으세요. 한 번에 10분 정도 지속하세요.

- 삐거나 골절로 부었을 때
- 벌레에 물리거나 벌에 쏘였을 때
- 데었을 때
- 타박상을 입었을 때
- 이나 귀가 아플 때

쥐가 나요

이것은 일종의 근육 경련으로 갑작스런 오한이나 움직임, 근육 조정이 안 될 때, 염분이나 체액의 손실로 인해 근육에 수축이 와서 통증을 갖게 되는 것이에요. 근육 수축이 강하게 일어나므로 근육이완 작용에 곤란을 겪어요.

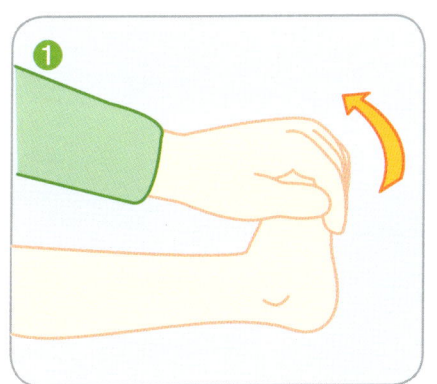

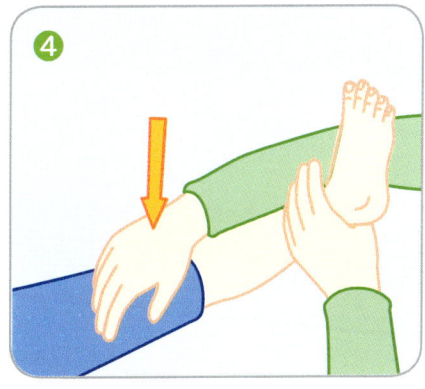

응급처치법

1. 장단지에 쥐가 나면 무릎을 펴고 발을 발등 쪽으로 꺾어요. 그리고 장딴지를 주물러 주세요.

2. 팔에 쥐가 나면 팔꿈치를 펴고 손바닥을 제쳐 주세요. 마찬가지로 팔을 주물러 주세요.

3. 발에 쥐가 나면 발의 앞꿈치로 서게 해요. 경련이 사라지면 발을 주물러 주세요.

4. 허벅지 뒤쪽에 쥐가 나면 무릎을 쭉 펴게 하세요. 반면에 허벅지 앞쪽에 쥐가 나면 무릎을 굽혀서 최대한 엉덩이 쪽으로 붙여 주세요. 경련이 사라지면 근육을 주물러 주세요.

골절

- 아래팔을 다쳤을 때
- 위팔을 다쳤을 때
- 팔꿈치를 다쳤을 때
- 쇄골을 다쳤을 때
- 손가락을 다쳤을 때
- 허벅지를 다쳤을 때
- 정강이를 다쳤을 때
- 무릎을 다쳤을 때
- 발목을 다쳤을 때

골절

뼈에 금이 가거나 부러진 것을 말해요. 아이들의 뼈는 부드럽고 끈기가 있어서 어른처럼 부러지는 경우보다 휘어지면서 금이 가는 경우가 많아요. 이것도 굴골절이라고 하여 골절의 한 형태예요. 작은 금이 갔다고 하더라고 통증이 심하고 부어오르며 그 부위를 움직일 수 없게 돼요.

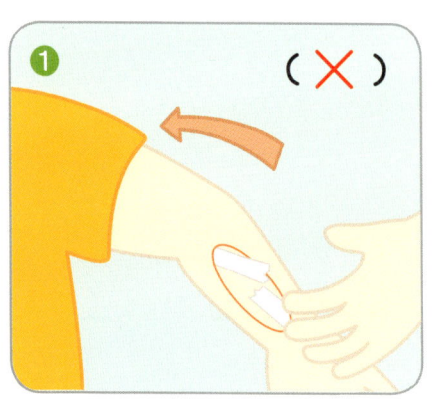

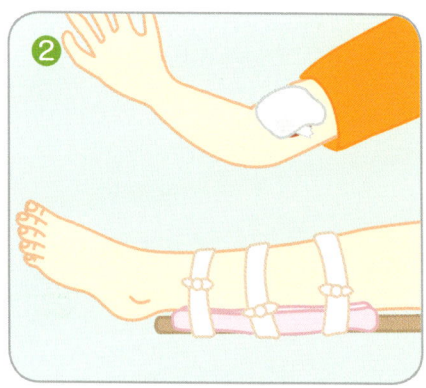

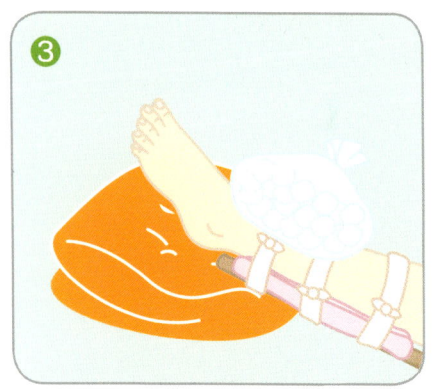

➕ 응급처치법

1. 절대 똑바로 하려고 시도하지 마세요.

2. 골절된 부위가 움직이지 않게 해주세요. 상처를 중심으로 하여 윗부분이나 아랫부분의 관절까지 부목을 대주세요. 만일 뼈가 부러져 피부 밖으로 나온 경우라면 상처를 멸균거즈로 덮거나 붕대를 느슨하게 감은 후 부목을 대주세요.

   부목 위에는 수건 같은 것을 놓아 딱딱하지 않게 해주며, 몸과 부목 사이에 간격이 있으면 적당한 것을 끼워 넣으세요.

3. 상처 부위를 심장보다 높게 하고 얼음주머니를 댄 채 병원으로 데리고 가세요.

4. 병원으로 가는 동안 몸을 따뜻하게 해주며 혹시 있을지 모르는 수술에 대비해 음식이나 음료수는 주지 않는 게 좋아요.

5. 목을 포함하여 척추가 다쳤다고 의심될 때는 섣불리 유아를 움직이게 해서는 안 돼요. 목과 허리 부분을 움직이지 않도록 수건 같은 걸로 고여 주고 119의 도움을 요청하세요.

♣ 뼈나 관절을 다쳤을 때 주의해야 할 것은 관절 끝에 위치한 성장판이 손상될 수 있다는 점이에요. 성장판이 손상되면 그 부위 뼈의 성장이 늦어지거나 기형으로 자랄 수 있기 때문에 관심을 갖고 치료해야 해요.

골절

    부목이 없을 때는 상처 부위에 따라 아래 물품들을 대신 사용할 수 있어요. 단, 골절된 부위의 양쪽 관절을 넘는 길이가 좋아요.
    삼각건이 없을 때는 보자기, 스카프, 천, 손수건, 넥타이, 벨트, 스타킹, 옷 등을 이용할 수 있어요.

- 아래팔을 다쳤을 때

   손목부터 팔꿈치까지 부목을 대고 팔을 직각으로 구부려 손바닥이 배를 향하게 묶어주세요.

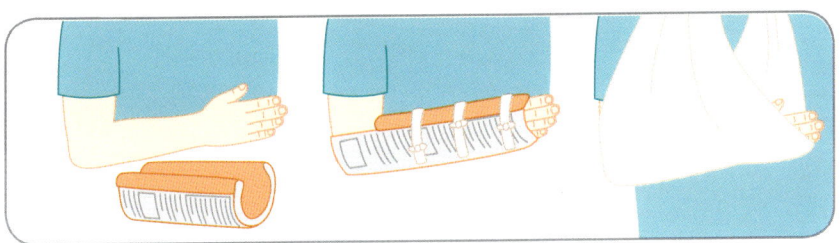

- 위팔을 다쳤을 때

   팔꿈치부터 어깨까지 부목을 대고 팔을 직각으로 구부리는데, 겨드랑이 아래는 수건 같은 것을 끼워 넣어 보다 편안한 자세가 되도록 해주세요. 천이나 끈을 이용하여 팔을 목에 걸어주고 몸통을 둘러 다시 한 번 더 묶어주면 보다 잘 고정되어요.

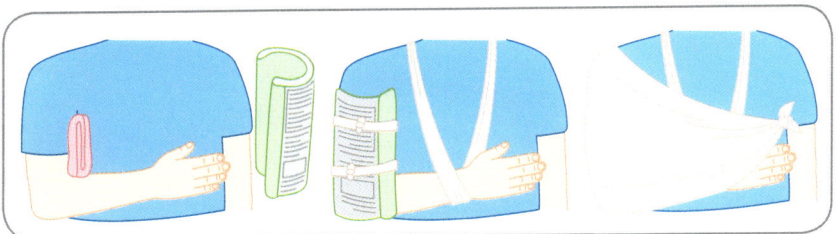

- 팔꿈치를 다쳤을 때

   긴 부목을 이용하여 팔꿈치 아래와 위를 각각 묶어주세요. 팔을 펴지 못할 때는 구부린 채 고정해야 하는데 이때는 손이 팔꿈치보다 높이 오게 하세요.

♣ 주변에서 부목을 대용할 만한 것이 아무 것도 없을 때는 입고 있는 옷을 이용하여 임시로 팔걸이를 만들어 움직임을 최소화할 수 있어요.

자켓을 입고 있다면 자켓 자락을 위로 올려 손상된 팔을 감싸고 자켓 가슴에 핀으로 고정한다.

자켓이나 코트를 입고 있다면 단추를 풀고 손상된 쪽의 손을 넣고 단단히 잠근다.

소매를 반대쪽 셔츠나 자켓의 가슴부위에 핀으로 고정한다. 임시팔걸이를 높게 하려면 소매를 더 올려 어깨에 고정한다.

벨트, 넥타이 또는 스타킹을 이용해 목걸이형 걸대를 만들 수 있다. 그러나 팔의 골절이 의심되는 경우에는 이 방법을 사용하지 않는다.

- 쇄골을 다쳤을 때

    다친 어깨와 팔을 삼각건으로 감싸 반대쪽 어깨에 거세요. 다른 삼각건으로 팔꿈치 부위에서 몸통을 둘러주세요.

- 손가락을 다쳤을 때

    나무젓가락이나 하드 막대를 다친 손가락에 대고 고정시켜 주세요. 테이프 속심으로 고정할 수도 있어요.

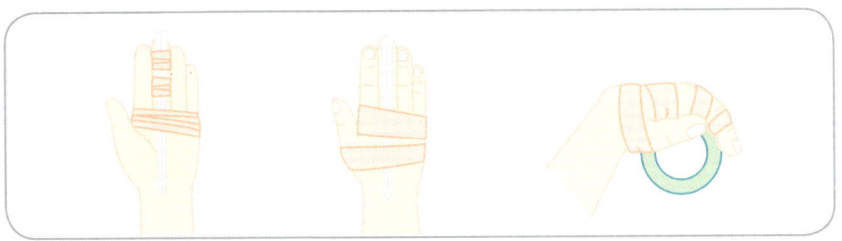

- 허벅지를 다쳤을 때

    몸의 바깥쪽으로 긴 부목을 허리부터 발끝까지, 그보다 짧은 부목을 사타구니부터 발목까지 나란히 대고 삼각건으로 묶어주세요. 다음 다치지 않은 다리와 함께 한 번 더 고정시켜 주세요.

- 정강이를 다쳤을 때

    다리 아래쪽에 허벅지부터 발끝까지 부목을 대고 삼각건으로 묶어 주세요. 묶을 수 있는 끈이 더 있으면 다치지 않은 다리와 함께 한 번 더 고정시켜 주세요.

- 무릎을 다쳤을 때

    발목에서 엉덩이까지 부목을 대고 삼각건으로 묶어주세요.

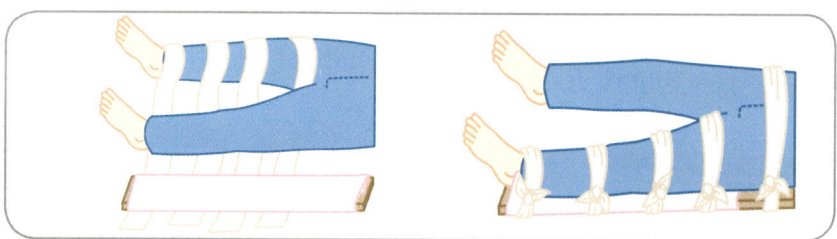

- 발목을 다쳤을 때

    방석이나 쿠션으로 발목을 감싸고 삼각건으로 묶어주세요. 이때 발가락은 남겨두어 혈액 순환 상태를 점검하세요.

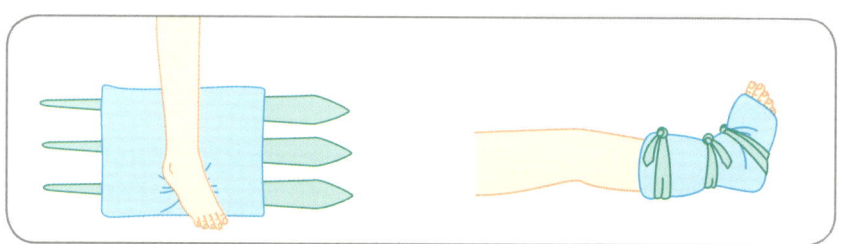

외상

상처의 종류가 무엇이든지 일단 2차적인 감염을 예방하기 위해 상처를 씻어내는 것이 중요해요. 비누와 흐르는 물로 여러 번 씻어내어 이물질을 제거하는 것이 바로 1차 소독이에요. 단, 깊이 박힌 것은 억지로 빼내려 하지 말고 그대로 두세요.

- 넘어져서 긁혔어요(찰과상)
- 칼에 베었어요(절상)
- 못에 찔렸어요(자상)
- 찢어졌어요(열상)

넘어져서 긁혔어요 (찰과상)

찰과상은 마찰에 의하여 피부의 표면에 외상을 입는 것을 말해요. 피부가 몇 층 벗겨지거나 떨어져 나갔지만 피하 깊은 곳까지는 다치지 않은 상처를 말해요.

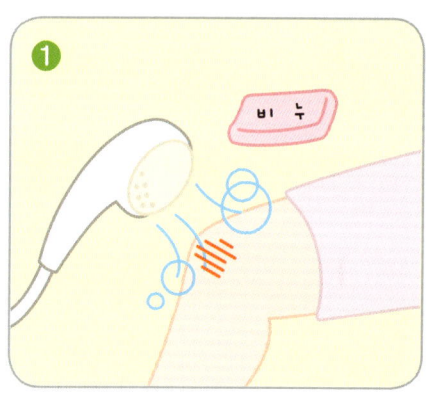

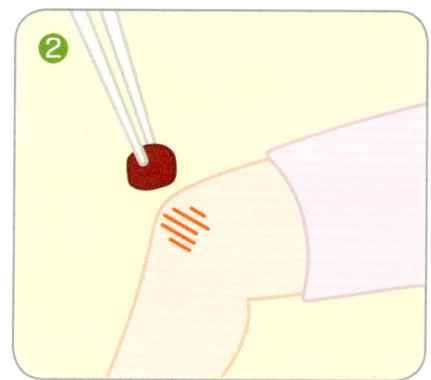

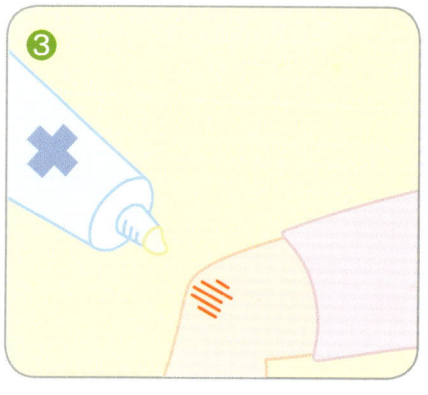

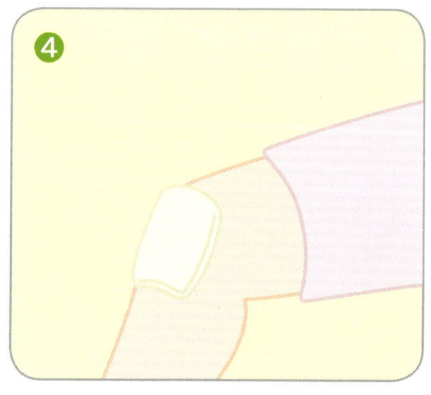

🏥 응급처치법

1. 먼저 흙이나 이물질을 완전히 제거해 주세요.
2. 상처를 물과 비누로 깨끗이 씻어주세요.
3. 상처가 낮을 때는 연고를 바르는 것 보다 소독이 더 효과적입니다. 과산화수소수나 포비돈요오드액(베타딘)으로 소독해 주세요. 따가워 한다고 입으로 '후'불면 다시 오염이 돼요. 대신 부채로 부쳐 주세요.
4. 상처가 곪을 가능성이 있는 경우는 소독해 준 다음 항생제가 포함된 상처용 연고(후시딘, 복합 마데카솔)를 발라주세요.
5. 상처가 심해 흉터가 생길 우려가 있으면 습윤 드레싱제제(메디폼, 듀어덤, 더마플라스트 등)를 소독 후 습기가 완전히 제거된 뒤 상처 부위에 붙여주세요.
6. 통증이 심할 때는 얼음주머니를 깨끗한 수건에 싸서 상처에 대주세요.

7. 빨갛게 부어오르거나 고름이 생기는 등 감염의 징후가 없는지 관찰하세요.

칼에 베었어요 (절상)

절상은 칼이나 유리 조각 등 날카로운 물체에 의해 갈라진 상처를 말해요. 대개 피부와 피하지방조직의 손상에 그치기 때문에 찢어진 상처에 비해 비교적 흉터가 작고 깔끔하게 아물어요. 혈관이 함께 절단되므로 비교적 출혈이 많아요.

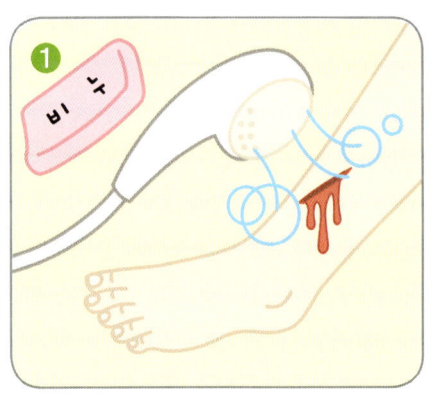
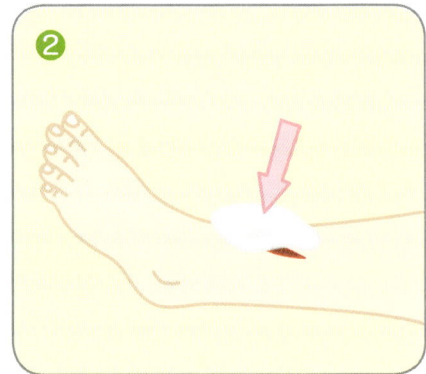
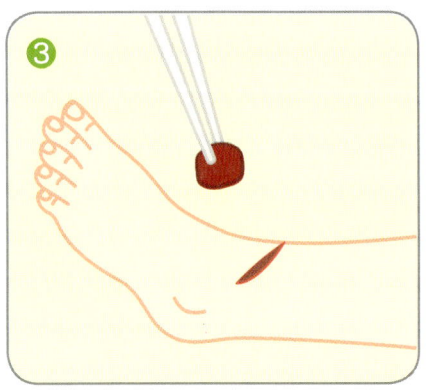
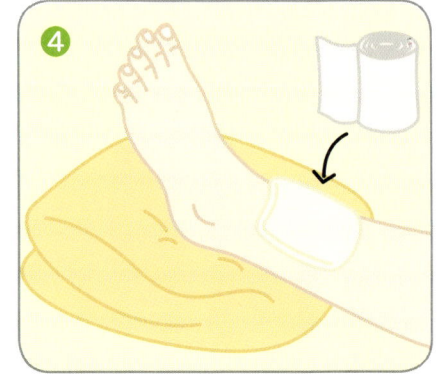

응급처치법

1. 찰과상과 마찬가지로 상처를 비누와 물로 충분히 씻어주세요.
2. 상처에 멸균거즈를 대고 손가락 혹은 손바닥을 이용하여 눌러 지혈시켜 주세요.
3. 지혈이 되었으면 찰과상과 마찬가지로 처치를 하세요.
4. 상처가 크고 깊거나 10분 이상 지혈을 해도 피가 멎지 않으면 상처를 소독된 거즈로 덮고 그 위를 탄력붕대로 감아 외과를 방문하세요. 상처 부위를 심장보다 높게 해주는 것도 좋은 방법이에요.
5. 상처의 원인이 파상풍을 일으킬 수 있는지 살펴보세요.
6. 봉합을 필요로 하면 외과 혹은 성형외과로 데리고 가세요.

♣ 손가락, 발가락 등이 절단되었을 때는 절단된 부위를 잘 씻어서 청결한 천에 싸서 젖지 않도록 비닐봉지에 넣고 여기에 얼음을 채워 냉장 보관 상태로 이동해야 해요. 절단된 부위가 물에 붇거나 얼음에 직접 닿지 않도록 하세요. 소독약을 사용해서도 안됩니다.

못에 찔렸어요 (자상)

자상은 못, 핀, 압정 등 끝이 뾰족한 물체에 찔려서 생기는 상처를 말해요. 상처 입구는 작지만 내부 손상이 깊어요. 상처 속으로 더러운 물질과 세균이 들어가 염증이 잘 생겨요.

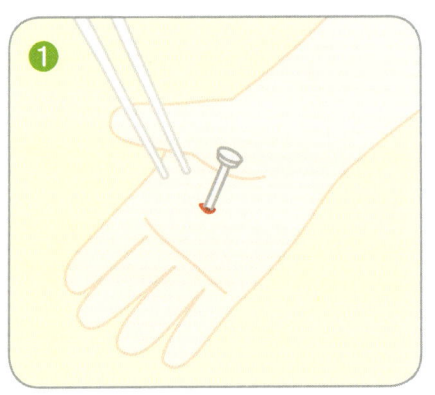
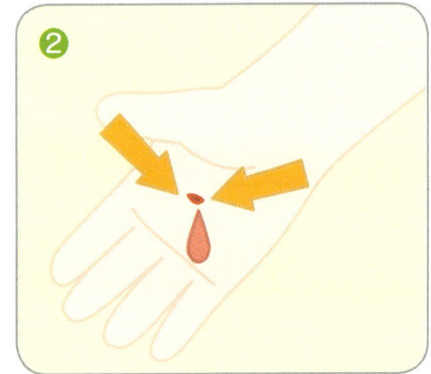
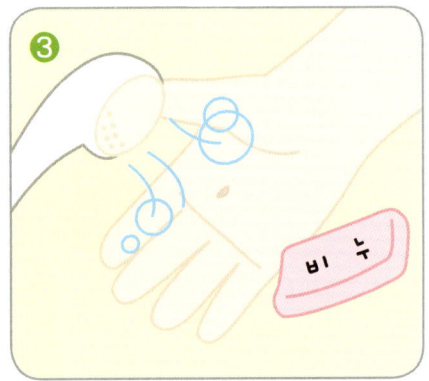
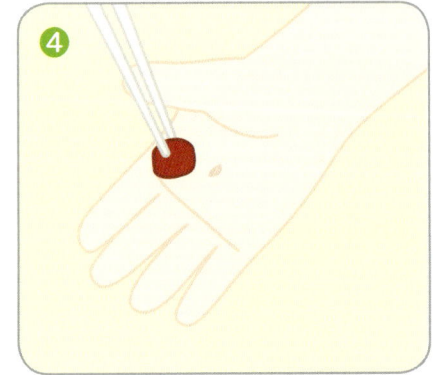

➕ 응급처치법

1 핀셋이나 족집게로 가시, 못, 핀 등을 뽑아내 주세요.

2 상처 주위를 눌러 피를 짜내세요. 이것은 자상의 경우 상처 내부를 구석구석 씻는 것이 불가능하므로, 대신 가능한 한 출혈을 많이 시켜서 이물질이 피에 섞여 나오도록 하기 위함이에요.

다량의 출혈이 있는 경우를 제외하고는 지혈을 시키지 않는 것이 다른 외상과 차이점이에요.

3 다른 외상과 마찬가지로 감염 예방이 우선이므로 비누와 물로 상처를 깨끗이 씻어주세요.

4 소독약을 이용하여 소독해 주세요.

5 상처의 원인이 파상풍을 일으킬 수 있는지 살펴보세요. 파상풍균은 흙 속이나 사람, 동물의 대변 속에 있어요. 녹슨 못이나 나무 조각에 찔렸는데 평소 파상풍 예방 접종을 하지 않았다면 의사의 진료를 받으세요. 파상풍균에 대한 항균주사가 필요할 수도 있어요.

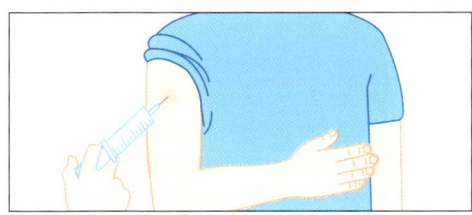

찢어졌어요 (열상)

열상이란 피부가 찢어져서 생긴 상처를 말해요. 상처 부위가 울퉁불퉁하므로 흉터가 크게 남아요.

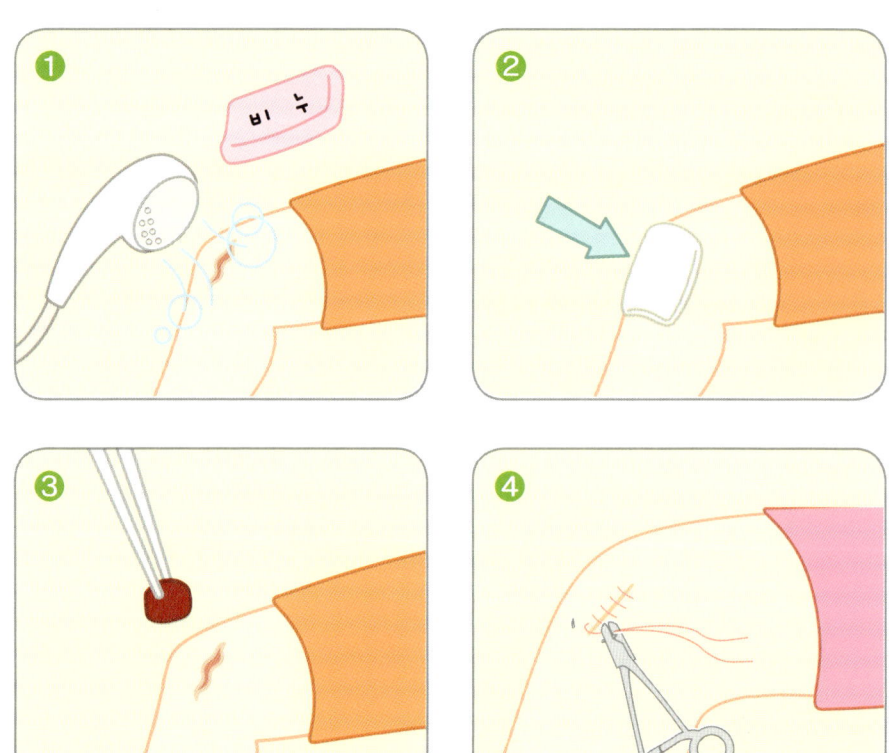

➕ 응급처치법

1. 피가 흐르더라도 일단 상처를 비누와 물로 충분히 씻어주세요.
2. 상처에 멸균거즈를 대고 손가락 혹은 손바닥을 이용하여 눌러 지혈시키세요.
3. 지혈이 되었으면 찰과상과 마찬가지로 처치를 하세요.
4. 봉합을 필요로 하면 소독을 하지 말고 외과 혹은 성형외과로 데리고 가세요. 병원에서 할 처치에 방해가 될 수도 있어요.

상처 감염

모든 상처는 감염의 우려가 있어요. 아래와 같은 증상이 없나 발견하고 치료하는 것이 중요해요.
- 상처 부위가 부어 오르고 발갛게 변하며 욱신거린다.
- 상처 속에 고름이 맺히거나 고름이 나오기도 한다.
- 상처 주위에 있는 겨드랑이, 사타구니, 목의 임파선(림프절)이 붓고 열이 난다.
- 상처 부위에서 심장 쪽으로 붉은 줄이 생기기도 한다. 이것은 림프선을 따라 피부에 발적이 생긴 것이다.
- 고열과 오한이 있으면 감염이 순환기까지 미친 것이다. 패혈증의 우려가 있으므로 즉시 병원에 가야 한다.

동식물, 곤충에 의한 상처

- 개(고양이)에게 물렸어요
- 뱀에게 물렸어요
- 해파리에게 쏘였어요
- 벌에게 쏘였어요
- 모기, 개미에게 물렸어요
- 다른 아이에게 깨물렸어요
- 식물에 의한 사고

아이들은 동물에 대한 두려움이 없고 호기심이 많아 만지기를 좋아해요. 그러다보니 개나 곤충 등에 물리는 수가 종종 있어요. 동물에 물린 경우 물린 상처 자체도 문제지만, 그 동물이 가지고 있는 독성이나 병원균 등에 감염이 될 수도 있어요.

개(고양이)에게 물렸어요

애완동물을 키우는 가정이 늘었어요. 그러나 모든 동물에는 세균이 있고 옮기는 질병도 있어요. 따라서 물리면 피부를 뚫고 조직 깊숙이 세균이 들어가게 되지요. 병에 걸린 동물의 침을 통해 침범하는 바이러스성 신경계 감염질환인 광견병은 잘 알려져 있으나 이 밖에 브루셀라증, 톡소플라스마증, 살모넬라증, 파스츠레라증도 동물이 옮기는 질병입니다.

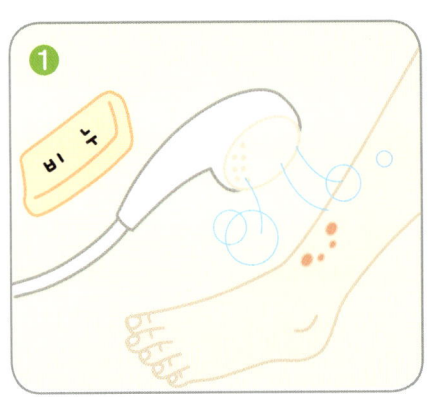

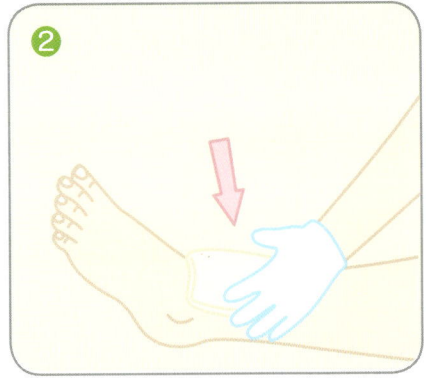

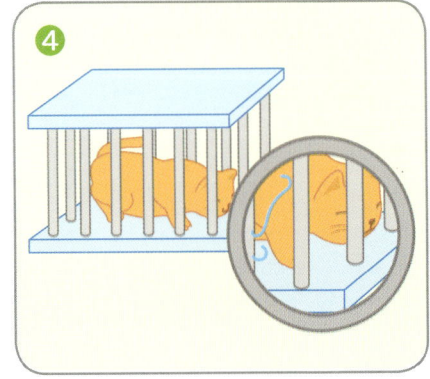

응급처치법

1. 흐르는 물에 비누로 5분 이상 상처를 씻어 동물의 타액을 없애주세요.
2. 상처가 깊어 피가 나면 지혈을 해주세요. 이때에는 소독된 의학용 고무장갑을 끼고 상처를 눌러주는 것이 가장 좋으나, 장갑이 없으면 소독한 위생장갑이나 멸균거즈를 대고 눌러도 돼요.
3. 소독된 거즈를 덮어 병원에 데리고 가세요.
4. 동시에 다른 사람은 유아에게 상처를 낸 동물을 붙잡아 수의사에게 데리고 가서 광견병의 유무를 조사하세요. 광견병 증상을 살펴보기 위해 동물을 가두어놓고 증상을 관찰해야 해요.

♣ 집에서 키우는 동물은 광견병 예방주사를 필수적으로 맞기 때문에 물린 상처를 깨끗이 씻어 세균 감염만 막아주면 되지만, 광견병에 걸린 개에게 물리면 20일에서 6개월(평균 1~2개월)의 잠복기를 거친 후 광견병이 발생할 수도 있어요. 개, 고양이 외에도 쥐, 너구리, 오소리, 여우, 늑대 등도 광견병을 일으킬 수 있는 동물이에요.

뱀에게 물렸어요

여름이나 가을철 야외 활동이 많을 때 뱀에 물리는 사고가 빈번하게 일어나요. 그 중 독사는 머리가 삼각형이고 목이 가늘게 생겼어요. 뱀을 잡으려고 하지 않는 이상 독사에 물리는 부위는 대부분 다리예요. 독사에 물리면 2개의 이빨 자국이 남고 즉시 벌겋게 붓고 아프며 피하 출혈이 생겨요. 시간이 지나 독이 몸에 퍼지면 오한이 나고 열이 나며 메스껍고 머리가 아프고 가슴이 답답해져요.

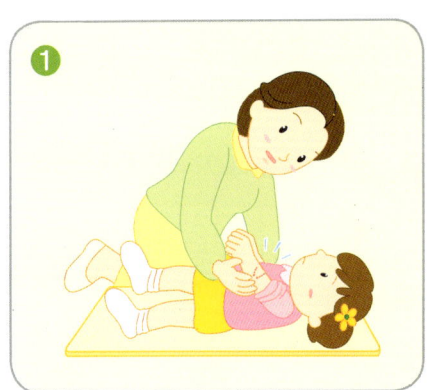
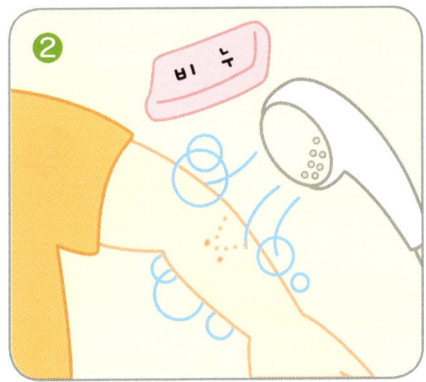
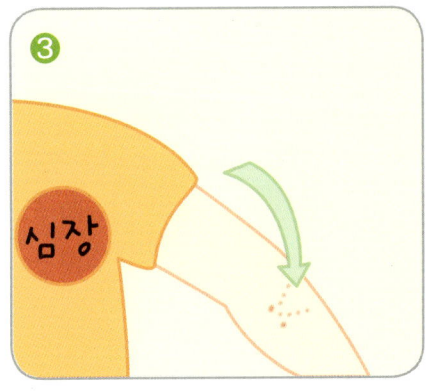
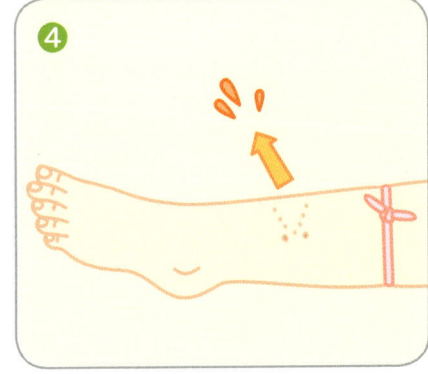

➕ 응급처치법

1. 아이를 안정시켜 움직이지 못하도록 해주세요. 흥분하거나 움직이면 독이 더 빨리 퍼지기 때문이에요.
2. 상처를 비누와 물로 씻고 멸균거즈를 붙여 신속하게 병원으로 데리고 가세요. 문 뱀의 생김새를 기억한다면 치료에 도움이 되지요.
3. 물린 부위를 심장보다 낮게 해주세요.
4. 물린 지 15분 이내인 경우에는 다음의 처치를 실시하세요.
   - 물린 부위의 10cm 위쪽을 끈으로 묶어주세요. 손가락 하나가 통과될 정도가 좋아요.
   - 병원까지 가는 데 1시간 이상 걸릴 경우 입으로 독을 빨아주세요. 그러나 입에 상처가 있는 사람은 절대로 해서는 안 돼요.
5. 아이를 잘 관찰하고 물이나 음식을 주지 마세요.
6. 칼로 피부를 째지 마세요. 2차 감염이나 파상풍의 위험이 더 크기 때문이에요.

해파리에게 쏘였어요

지구 온난화로 인하여 우리나라도 독성 해파리의 피해가 늘고 있어요. 바닷가에서는 해파리 외에도 산호, 말미잘에 쏘일 수도 있어요. 해파리에 쏘이면 심한 통증과 함께 피부가 가렵고 붓는 증상이 나타나요. 심하면 호흡 곤란, 쇼크 등 전신반응이 올 수도 있어요.

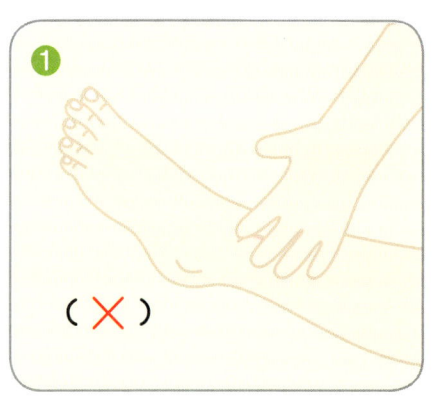
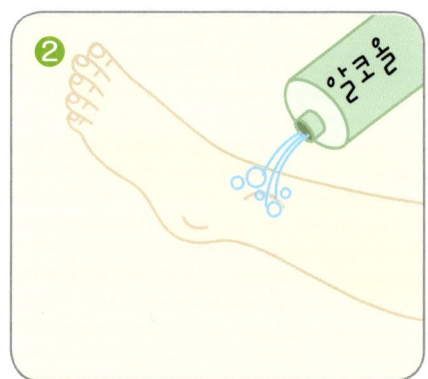
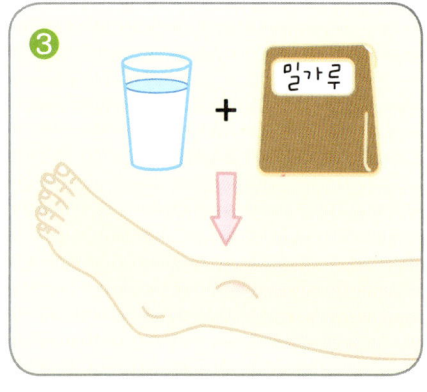
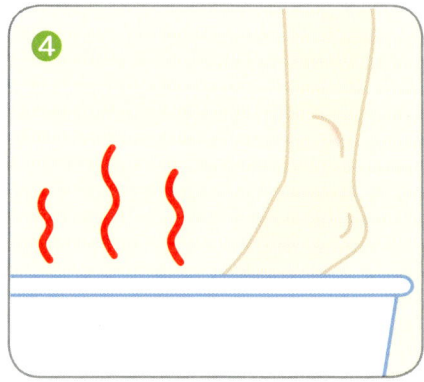

➕ 응급처치법

1. 해파리의 침은 건드릴수록 피부 속 깊숙이 숨어버리므로 절대 만지지 마세요.

2. 침이 피부에 박히고 나면 곧바로 독이 퍼지는 것이 아니라 3~4분 지나서 독이 퍼져 나와요. 따라서 쏘인 즉시 알코올(소주 등)이나 식초를 구할 수 있는 만큼 뿌려주세요.

3. 해파리에 쏘인 지 5분 이상 지났을 경우에는 밀가루를 물에 개어 쏘인 데 발라주세요. 침세포를 엉키게 하여 독을 중화시키고 가려움과 부기를 가라앉혀 주는 역할을 해요.

4. 식초나 밀가루를 구할 수 없을 때는 쏘인 부위를 최대한 뜨거운 물속에 담가주세요. 해양생물의 독은 단백질이 주성분이기 때문에 뜨거운 것과 만나면 녹아 없어져요.

5. 칼라민 로션이나 항히스타민 연고를 발라주세요.

6. 아이가 숨을 헐떡거리거나 의식을 잃으면 병원에 데리고 가세요.

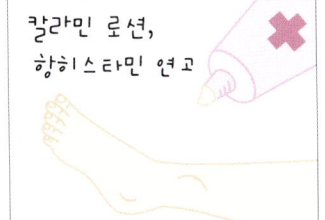
칼라민 로션, 항히스타민 연고

♣ 뱀 같은 육지생물의 독은 뜨거운 물을 만나면 혈관이 늘어나 독이 더 빨리 퍼지지만 해양생물의 독은 차갑게 되면 더 빨리 퍼져요. 그래서 해파리에 쏘여 쓰라린데도 아무런 상처가 보이지 않는다고 다시 바닷물에 들어가면 독이 더 잘 퍼져요.

벌에게 쏘였어요

우리나라에서 가장 흔히 쏘이는 벌은 꿀벌이예요. 말벌은 꿀벌보다 크고 가슴과 등에 노란 줄무늬가 있어요. 벌에 쏘이면 위험한 것보다 아파서 문제가 되지요. 그러나 사람에 따라서 전신적인 알레르기 반응을 일으켜 한 시간 내에 사망하는 수도 있어요.

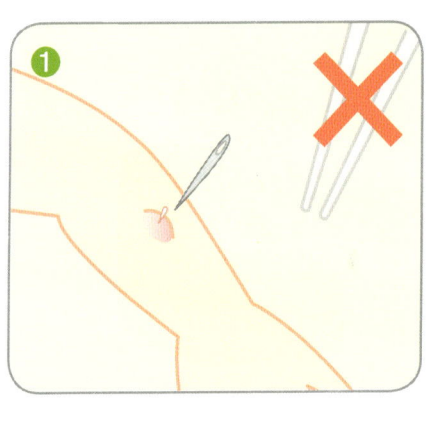

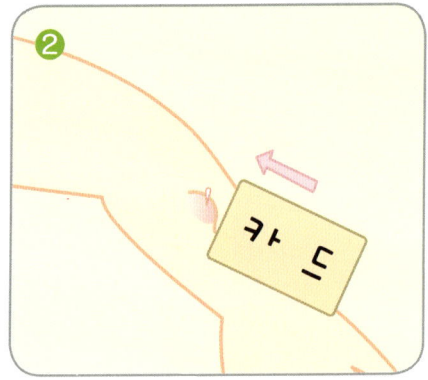

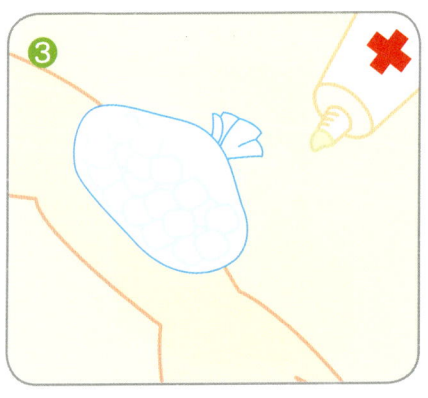

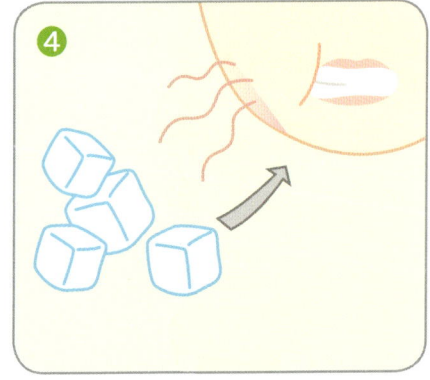

➕ 응급처치법

1. 벌에 쏘인 부위를 관찰하여 벌침이 남아 있으면 소독된 바늘로 제거해 주세요.
2. 소독된 바늘이 없으면 신용카드 같은 것을 이용해 눕힌 상태로 조심스럽게 밀어서 제거해 주세요. 제거한 후에는 2차 감염을 막기 위해 비누와 물로 씻어주세요.
3. 가벼운 증상에는 항히스타민연고를 바르거나 냉찜질을 해주세요.
4. 벌에 쏘인 후 피부가 벌게지며 아이가 메스꺼워하고 가슴이 답답하다거나 호흡곤란 증세를 보이면 벌에 대한 알레르기가 있는 경우이므로 신속하게 병원에 데리고 가세요.
5. 입 안을 쏘였을 때는 기도가 막힐 수 있으므로 매우 조심해야 해요. 부기를 막기 위해 얼음을 머금도록 하고 속히 병원에 데리고 가세요.

♣ 벌침을 집게나 핀셋으로 제거하면 안 돼요. 이럴 경우 침에 남은 독을 짜서 밀어 넣는 셈이 되어 버려요.

♣ 일반 꿀벌의 침은 산성이기 때문에 암모니아수를 바르나 말벌의 독은 알칼리성이기 때문에 암모니아수를 바르면 증상이 더 심해져요. 식초나 레몬주스를 바르면 효과적이나 말벌은 독의 양이 많아 매우 위험하므로 반드시 병원을 방문해야 해요.

모기, 개미에게 물렸어요

　우리나라 개미는 독이 없으나 짧은 시간 내에 여러 부위의 손상을 남기는 경우가 많지요. 모기는 일본 뇌염, 말라리아 같은 질병과도 관련이 있으니 면역이 약한 3~15세 아동은 평소 뇌염예방 접종을 하고, 아프리카·동남아 등 말라리아 유행지역을 여행할 때는 예방약을 여행 전부터 복용해야 해요.

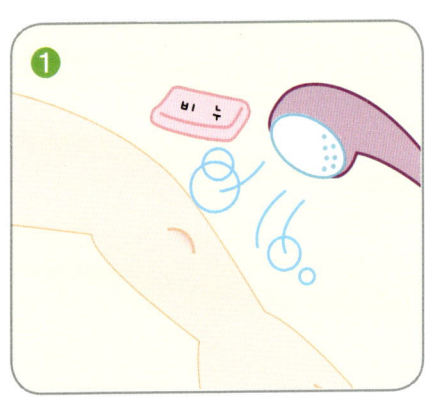
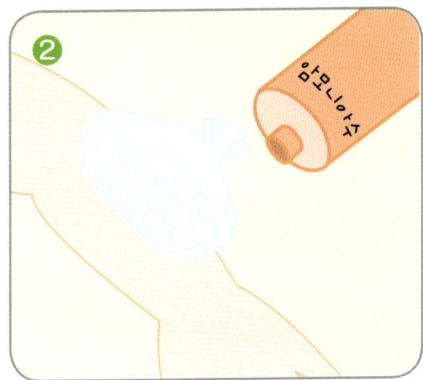
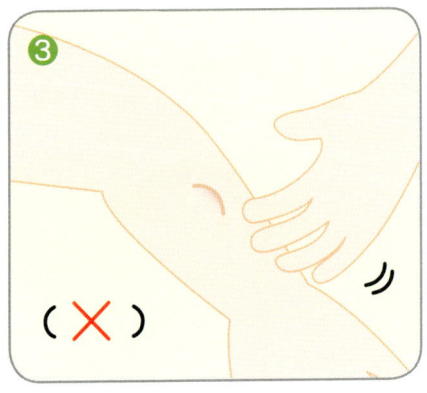

➕ 응급처치법

1. 비누와 물로 씻어주세요.

2. 물린 부위가 부어오를 수도 있어요. 암모니아수를 발라주거나 냉찜질을 하면 덜 가려워요. 약국에서 파는 '벌레 물린데 바르는 연고'도 사용 가능해요.

3. 물린 곳을 긁어서 생기는 2차 감염이 더 문제가 되므로 긁지 못하도록 해주세요. 물린 곳에 붙이는 밴드도 약국에서 팔아요.

♣ 야외에 놀러갈 때는 옷차림에 주의해야 해요. 가능하면 긴소매 옷을 입고, 곤충을 유인하는 밝은 색 옷을 피해야 해요. 헤어스프레이, 향수도 되도록 쓰지 않는 게 좋아요. 여름이나 초가을에는 모기가 왕성하게 활동하는 초저녁 무렵을 피하는 게 좋아요.

다른 아이에게 깨물렸어요.

특히 말 못하는 영아들은 자신의 분노나 관심을 때로는 깨무는 것으로 표현하기도 해요. 깨물고 있는 상태에서 무리하게 떼어놓으려고 하면 더 세게 물 수 있으므로 이때는 영아의 코를 잡아서 영아가 답답해 입을 열면 떼어 놓을 수 있어요.

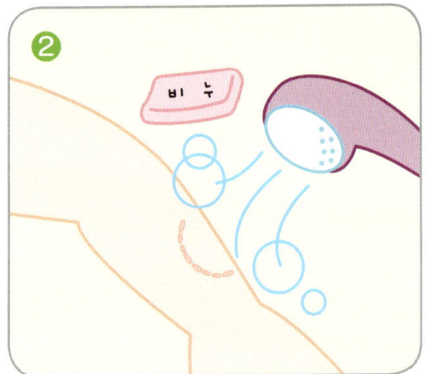

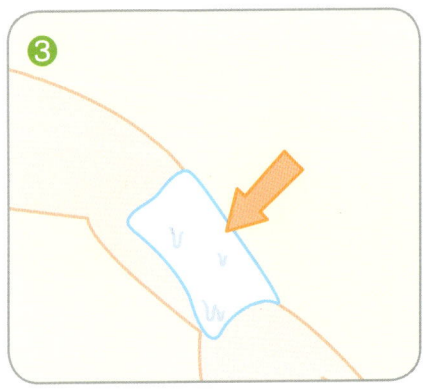

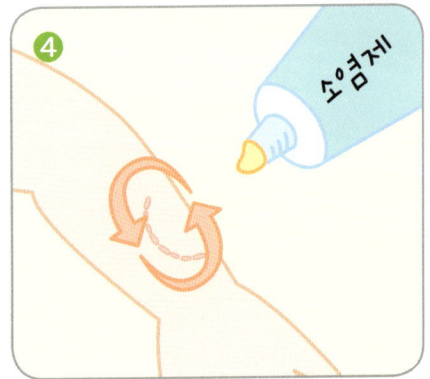

➕ 응급처치법

1. 비누와 물로 충분히 씻은 다음 찬 물수건 등으로 냉찜질을 해주세요.
2. 출혈이 있을 때는 차게 하면서 상처를 압박해 주세요.
3. 소염제 연고를 바르고 5~10분 정도 가볍게 문질러 주면 비교적 자국이 연해져요.
4. 사람의 입 안에는 각종 세균이 많기 때문에 피부에 상처가 날 정도로 물린 경우에는 소독을 철저히 해야 해요.

식물에 의한 사고

식물에 의한 피해는 만지거나 스쳐서 생기는 것과 먹어서 생기는 두 가지예요. 접촉으로 과민성피부염을 일으키면 상처 부위가 벌겋게 되면서 가렵고 물집이나 고름이 생기기도 해요. 식물을 먹게 되면 그 종류에 따라 메스껍고, 토하고, 어지럽고, 항문이 가렵기도 하며, 혀 마비, 호흡곤란, 경련, 발작, 심장계통의 이상을 일으키기도 해요.

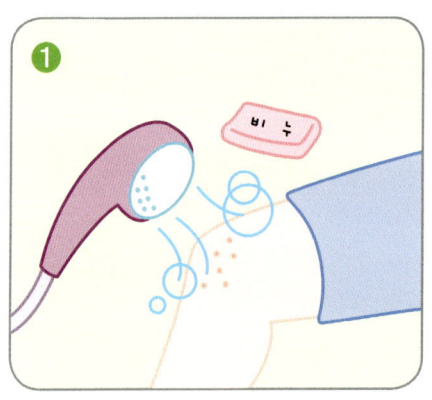

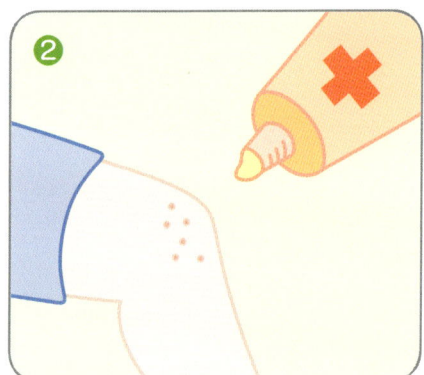

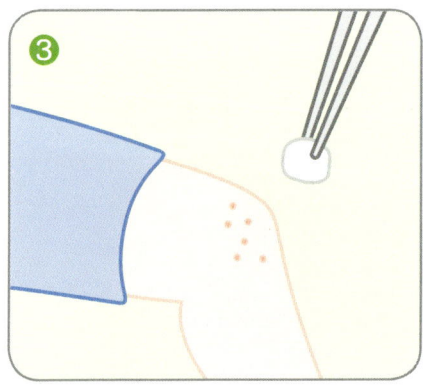

➕ 응급처치법

1 쐐기풀
즉시 노출된 피부를 깨끗이 닦고, 칼라민 로션이나 항히스타민 연고를 발라주세요.

2 옻나무
비누와 찬물로 씻은 후 충분한 양의 알코올로 적시며 닦아내어 가려움증을 덜어주세요.

3 독성식물을 먹었을 때는 물이나 우유를 조금씩 자주 마시게 해서 희석되게 해주세요. 두드러기가 심하게 나든지 숨을 몰아 쉴 경우에는 병원에 데리고 가세요.

♣ 최근 공기정화식물로 인기가 높은 아이비, 디펜바키아, 크로톤, 협죽도, 란타나, 디기탈리스, 알로카시아 등은 독성이 강하여 어린 영아들이 있는 집에서 키우기에 적당하지 않아요.

체온

- 열이 나요
- 일사병
- 열사병
- 저체온증
- 동상

열이 나요

열이 나는 것은 일반적으로 바이러스 또는 세균에 감염이 되었다는 의미예요. 그러나 영유아의 정상 체온 범위는 36~37.8℃로 성인보다 높고, 활동이나 주변의 영향에 따라 차이가 많이 나므로 열이 있다고 단정지을 때는 주의해야 해요. 또한 측정 부위에 따라서도 달라져요. 같은 아이라도 항문에서 잴 때, 입이나 귀에서 잴 때, 겨드랑이에서 잴 때 순으로 체온이 높아요.

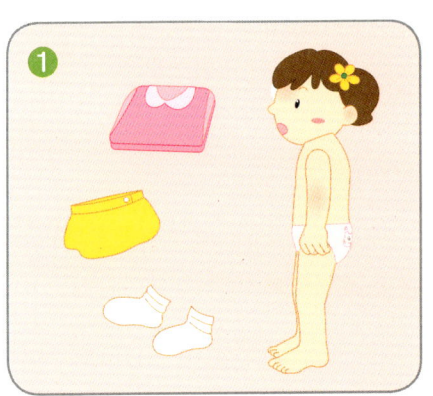

응급처치법

1. 겉옷, 양말 등을 벗겨주세요. 단, 열이 오르려고 할 때는 오한이 날 수 있으므로 이때는 몸을 따뜻하게 해주세요. 오한이 그치면 체온을 재고 처치를 하세요.

2. 겨드랑이로 측정하여 37.5℃ 귀로 측정하여 38℃ 이상이면 얼음주머니를 겨드랑이 사이에 대어주거나 찬물에 적신 수건으로 팔, 다리, 몸통 등을 닦아주세요.

3. 고열을 급히 낮추고자 할 때는 미온수목욕이 효과적이에요. 수온을 37.5℃로 맞추어 아이를 물에 1~2분 담갔다가 얼른 닦아주세요. 이때 실내 공기가 차면 안 돼요.

4. 해열제는 신체의 정상적인 방어기전을 방해할 수 있으므로 신중히 사용해야 해요. 구강용보다 좌약이 효과가 빠르며 위장 장애가 적어요. 구강용으로는 아세트아미노펜 제제(타이레놀)가 이브프로펜 제제(부루펜)보다 부작용이 더 적은 것으로 알려져 있어요. 아스피린은 소아에서 라이증후군*을 유발시킬 수 있으므로 사용하지 않도록 하세요.

5. 물이나 주스를 소량씩 자주 마시게 하면서 쉬게 해주세요.

* 어린이에게 발병하는 급성뇌염증으로 인플루엔자나 수두 등 바이러스성 질환에 걸린 어린이에게만 일어나는 드문 병이에요.

일사병

 장시간 직사광선에 노출되면 뇌의 체온조절중추가 마비되어 일사병에 걸릴 수 있어요. 맥박이 빨라지고, 속이 메스껍다가 머리가 아프고 두통, 현기증이 나며 몇 분 안에 쓰러지기도 해요. 고열도 동반해요.

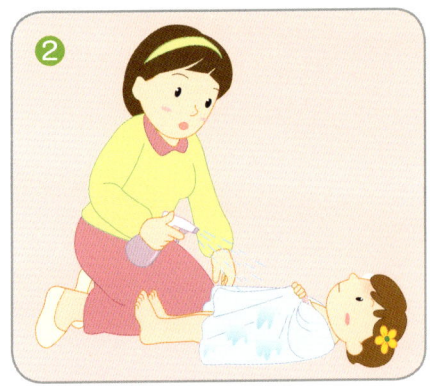

➕ 응급처치법

1. 아이를 얼른 서늘한 곳으로 옮기고, 겉옷을 모두 벗겨주세요.
2. 젖은 천으로 아이를 덮고 계속 물을 뿌려 체온이 떨어지게 해주세요.
3. 38℃이하로 떨어지면 젖은 천을 마른 천으로 바꾸어주세요.
4. 만일 체온이 다시 오르면 체온을 떨어뜨리는 처치를 반복해 주세요.
5. 아이가 의식이 없으면 호흡, 맥박을 체크하고 속히 병원으로 데리고 가세요.
6. 의식이 있으면 시원한 음료수(물, 이온음료)를 주세요.

이온 음료

이온음료는 체액에 가까운 전해질용액이므로 체내 흡수가 매우 빠르며, 땀으로 잃어버린 포도당, 미네랄(Na^+, K^+, Mg^{++}, Cl^-) 등을 신속히 보충해 주어요. 그러나 일상 생활에서는 정상적인 식사만으로 충분히 신체의 균형을 유지할 수 있어요. 이온음료에는 미네랄, 과당, 식품첨가물이 들어 있으므로 어린이에게 함부로 주는 것은 금물입니다.

열사병

실내 온도가 몹시 높은 밀폐된 공간에서 격렬한 활동을 하거나 여름철 차량 안에 어린이를 둘 때 많이 발생해요. 피부가 뜨겁고 건조하며 붉은색을 띠어요. 고열이 나며, 맥박이 빨라지고, 의식이 희미해지며, 전신 경련 등의 증상이 일어나요.

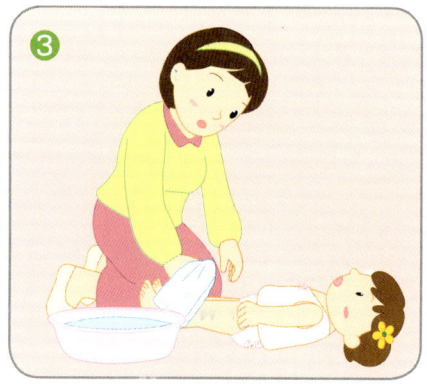
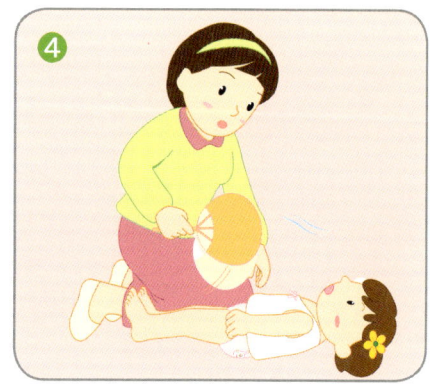

🞥 응급처치법

1. 일사병과 같아요.

2. 너무 차지 않은 물로 닦아주고 부채질을 해 열이 증발할 수 있도록 해주세요. 열사병은 몸의 표면보다 중심체온이 상승한 것이 문제이므로 피부 겉만 차게 해서는 안 돼요. 체온을 낮추기 위해 너무 차가운 물을 쓰게 되면 피부의 혈관이 수축되어 오히려 몸 안의 열이 잘 발산되지 않아요.

3. 만일 의식이 없어지면 호흡과 맥박을 확인하고 필요하면 심폐소생술을 실시하세요.

저체온증

저체온증은 우리 몸의 체온이 35℃ 이하로 떨어진 경우를 말해요. 중심체온이 35℃ 이하로 내려가면 심장, 뇌, 폐 등 생명에 중요한 장기의 기능이 떨어지기 시작해요. 처음에는 몸을 떨다가 피부가 차갑고 창백하며 건조해지고, 의식이 점점 없어지며, 호흡과 맥박이 점점 약해지고 느려져요.

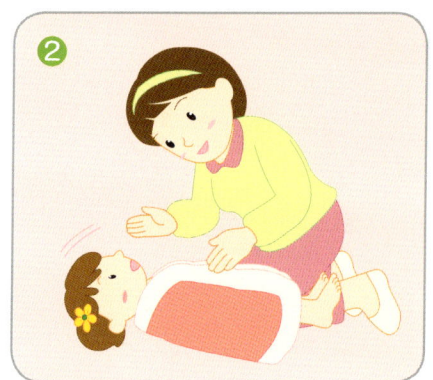

➕ 응급처치법

1. 젖은 의복을 제거하고 따뜻한 장소로 옮기세요.
2. 담요 등을 덮어 서서히 몸을 덥혀주세요. 불을 쬐게 하거나 뜨거운 욕조에 몸을 담그게 하여 급하게 덥히면 심장이나 뇌에 무리가 가니 주의하세요.
3. 의식이 있는 아이에게는 따뜻한 음료, 수프 또는 초콜릿 같은 고열량 음식을 먹이세요.
4. 의사의 진찰을 꼭 받도록 하세요.

동상

　동상은 영하의 건조하고 바람이 부는 날씨에 잘 걸리며 움직임이 없을 때 더 쉽게 걸려요. 코 끝, 귀 끝, 볼 윗부분, 손가락, 발가락, 손, 발 등이 동상에 잘 걸리는데, 조직이 얼게 되면 표면만 손상될 수도 있으나 깊고 영구적인 조직의 손상으로 이어질 수도 있어요. 처음에는 바늘로 콕콕 찌르듯 아프다가 차츰 감각이 둔해져요. 피부는 딱딱하고 뻣뻣해지면서 하얗게 되고, 차츰 얼룩덜룩하고 푸른빛을 띤 후 결국에는 검게 변해요.

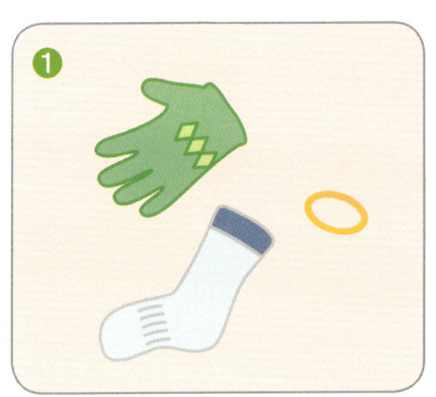
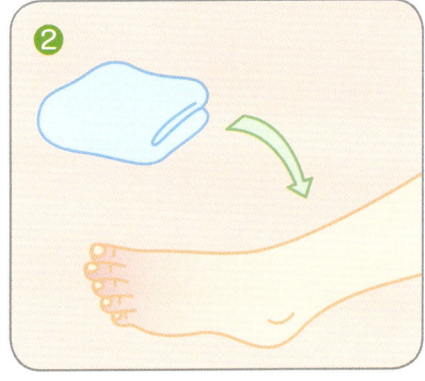

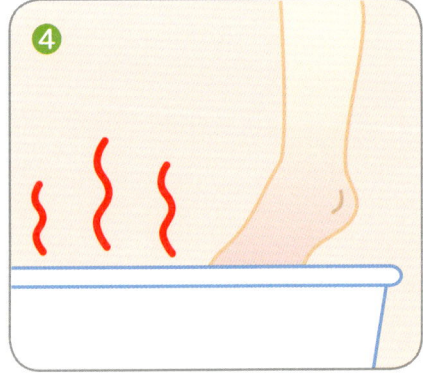

➕ 응급처치법

1. 장갑, 반지, 양말, 신발을 매우 조심스럽게 벗기세요.

2. 동상이 걸린 부위를 녹여주세요. 귀나 코는 덮어주며, 손에는 새 장갑을 끼우거나, 처치자의 손, 무릎 또는 자신의 겨드랑이에 넣어서 서서히 따뜻해지도록 해주세요.

3. 따뜻한 곳으로 옮기고, 따뜻한 음료수를 주세요.

4. 피부색이 즉시 돌아오지 않을 때에는 환부를 따뜻한 물에 담가주세요. 그런 다음 조심스럽게 물기를 닦고 멸균거즈로 감싸주세요. 손가락, 발가락 동상인 경우는 멸균거즈를 손가락, 발가락 사이에 끼워주세요. 물집이 있더라도 터뜨리면 안 돼요.

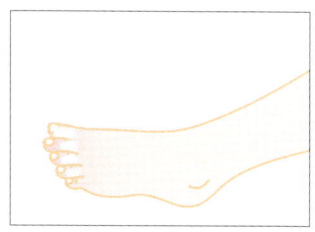

5. 붓는 것을 막기 위하여 사지를 올려주세요.

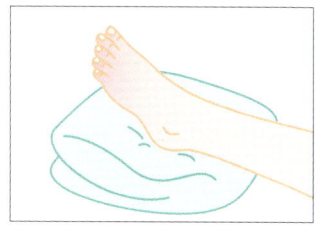

기타 응급상황들

- 딸꾹질이 나요
- 경련(경기)을 해요
- 머리를 부딪쳤어요
- 뇌빈혈
- 이를 다쳤어요

딸꾹질이 나요

딸꾹질은 횡격막 및 호흡작용을 보조하는 근육이 경련을 일으킴으로써 나타나는 현상이에요. 신생아나 영유아들은 딸꾹질을 자주 해요. 추울 때, 모유나 분유를 급히 먹을 때, 목욕을 한 바로 후, 때로는 아무 이유 없이 하기도 하지요.

🟠 응급처치법

1. 신생아나 영아를 담요나 포대기 등으로 싸서 포근히 안아주든지, 따뜻한 잠자리에 재우면 대개 그쳐요.
2. 모유나 따뜻한 분유를 먹이세요.
3. 일시적으로 혈중 이산화탄소의 분압을 높이는 방법도 있어요.
   - 편안하게 앉아 호흡을 가능한 오래 참게 하세요.
   - 물을 오랫동안 마시게 하세요.
   - 종이봉지로 코와 입을 씌워 봉지 안에서 호흡하게 하세요. 내쉰 숨을 다시 들이마시게 되는 것이지요.

♣ 딸국질은 대개 수 분 이내에 저절로 멈추지만 자주 재발되거나 오래 지속될 경우에는 요독증, 뇌종양과 같은 병이 있는 수도 있어요. 심할 경우 병원에서는 진정제를 투여하여 딸꾹질을 멈추게 하지요.

경련(경기)을 해요

경련이란 뇌가 비정상적인 뇌의 파동을 낼 때 일어나는 발작 혹은 졸도를 말해요. 고열이 나거나 간질이 있을 때 아이들은 경련을 하기도 해요. 갑자기 의식을 잃고, 머리가 뒤로 젖혀지며, 눈알이 돌아가고, 입에 거품을 물기도 해요. 짧게는 몇 초 길게는 몇 분 동안 지속되기도 해요.

(✗)

➕ 응급처치법

1. 부딪혀서 생기는 상처를 막기 위하여 주변의 물건들을 모두 치우세요.
2. 몸을 죄고 있는 허리띠나 목 단추 등을 느슨하게 해서 호흡을 도와주고 머리를 한쪽으로 돌려 침이나 구토물이 흘러나오게 하세요.
3. 손수건을 돌돌 말아서 아이의 입에 물려 이로 혀를 깨무는 것을 방지해 주세요. 이를 꽉 깨물고 있을 때에 강제로 벌리려 해서는 안 되며 입 주변의 근육이 수축되어 입이 벌어졌을 때 넣으세요.
4. 당황하여 아이를 움직이지 못하도록 붙잡게 되는데 억지로 잡거나 건드리지 말고 증상(발작의 횟수, 지속 시간, 형태 등)들을 잘 관찰하세요.
5. 경련이 끝나면 그림③과 같은 회복 자세를 취하게 하세요.

    · 회복자세란?
    배를 밑으로 하고 머리를 한쪽으로 돌리며 돌린 쪽의 다리는 몸과 직각이 될 때까지 올리고 손은 턱 높이까지 오게 하세요. 턱을 앞쪽으로 당기고 위로 쳐들게 해서 혀가 목구멍을 막지 않도록 해주세요. 베개는 베지 않는 게 좋아요.

6. 마실 것이나 음식은 주지 마세요.
7. 경련이 5분 이상 지속되거나 구토, 호흡곤란 등이 일어날 때는 119를 부르세요.
8. 영아가 열이 날 때 경련하는 것은 대부분 열성 경련이므로 미지근한 물로 얼른 닦아주면 도움이 돼요.
9. 그 외의 경우는 뇌 질환과 관련이 있을 수 있으므로 반드시 신경외과를 방문하여 정밀검사를 받도록 하세요.

머리를 부딪쳤어요

 영유아들은 신체에서 머리가 차지하는 비율이 크기 때문에 넘어지거나 할 때 머리부터 부딪히는 경우가 많습니다. 머리는 뇌를 포함하고 있는 중요 기관이므로 세심한 관찰을 해야 해요.

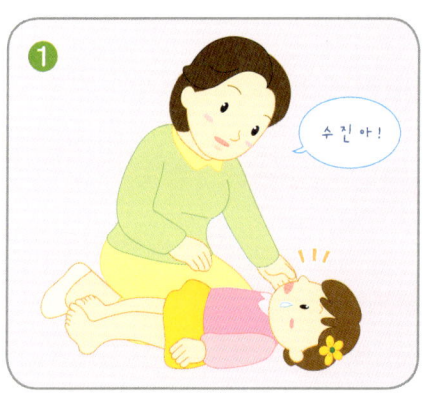

➕ 응급처치법

1. 머리를 세게 찧었을 때는 우선 의식 상태를 살피세요.

2. 부름이나 자극에 대해 반응이 없거나 시간이 흐름에 따라 의식상태가 악화되어 갈 때는 119를 부르는 동시에 1차 구명처치를 해주세요.

3. 구토나 경련, 심한 두통이 있을 때나 귀, 코에서 출혈이 있을 때도 빨리 의사에게 데리고 가세요.

4. 울거나 이름을 불렀을 때 또렷이 대답하면 의식이 있는 것이므로 바로 응급처치를 실시하세요.

5. 머리와 상반신에 쿠션 등을 대어 머리를 높여 바로 눕히세요.

6. 두피에 출혈이 있을 때는 샤워기를 틀어 씻고 상처를 확인한 후 멸균거즈로 눌러 지혈을 해주세요.

7. 혹이 생겼으면 냉찜질을 해준 후 소염제를 발라주세요.

뇌빈혈

　뇌빈혈이란 장시간 서 있거나 갑자기 일어서거나 할 때 뇌에 흐르는 혈액이 일시적으로 적어져 의식을 잃었다가 잠시 후에 회복하는 상태를 말해요. 안색이 창백해지고, 손발이 차갑고, 맥박이 얕고 느려지는 특징이 있어요.

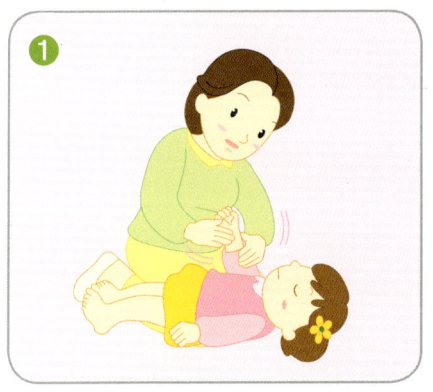

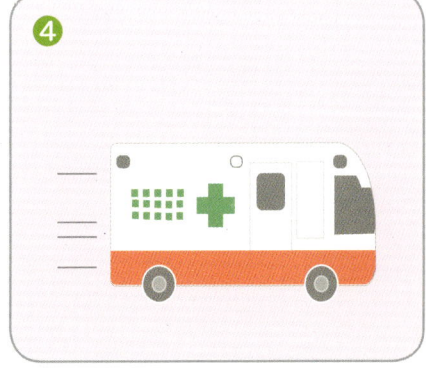

➕ 응급처치법

1. 맥박수와 안색 등을 확인하세요.
2. 몸을 죄고 있는 단추, 허리띠 등을 느슨하게 풀어주세요.
3. 특별한 위험이 없는 한 자리를 옮기지 말고 방석 같은 것을 발밑에 받쳐 30cm 정도 높여주세요.
4. 얼굴이 창백하고 손발이 차가울 때는 보온을 해주세요.
5. 대개 2~3분이면 의식이 돌아오는데 10분 이상 의식이 돌아오지 않거나 두통, 구토 등의 증상이 있을 때는 빨리 병원으로 옮기세요.

이를 다쳤어요

아이들이 앞으로 넘어질 때 이를 다치는 경우는 참 흔해요. 치아가 충격을 받았을 경우 치아 주위 조직과 뿌리에 손상을 줘 치아가 더 이상 성장하지 못할 수 있으며 치아 뿌리 끝에 고름주머니가 생길 수도 있으므로 가능한 검진을 받도록 해야 해요.

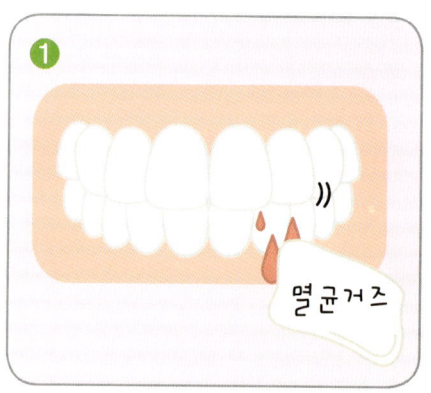

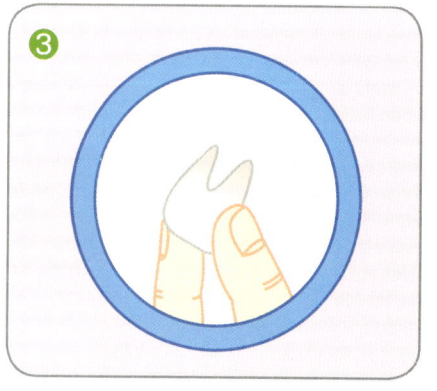

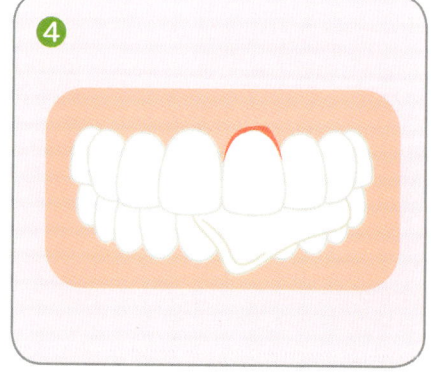

➕ 응급처치법

1. 넘어지거나 부딪혀 이가 흔들릴 때는 별다른 치료 없이 며칠 관찰하세요. 잇몸에 피가 날 때는 멸균거즈로 눌러 지혈시켜 주세요.

2. 이가 부러졌을 때는 깨진 이 조각을 우유나 생리적 식염수에 담가 치과에 가세요.

3. 이가 빠졌을 때는 먼저 빠진 이를 찾으세요. 빠진 이를 만질 때는 위쪽을 잡고 뿌리 부분은 건드리지 말아야 해요.

4. 이를 본래의 자리에 밀어 넣고 멸균거즈나 천을 깨물게 하여 병원으로 가세요. 이에 흙이나 모래가 묻었다면 생리적 식염수나 생수로 살짝 흔들어 씻어 본래 자리에 밀어 넣으세요.

5. 이를 원위치시키기 힘들 때는 아이의 침이나 찬 우유, 생리적 식염수에 담가 병원으로 가세요. 아이가 클 경우에는 입 속에 넣고 가도 돼요. 1시간 이내라면 다시 잇몸 속에 심는 것이 가능해요.

♣ 치아 뿌리 주변의 치근막은 건조한 상태에서 30분밖에 살지 못하기 때문에 절대 휴지나 천에 싸서 가져가면 안 돼요. 수돗물에도 세포를 죽이는 소독약이 들어 있어 적당하지 않아요.

부록

- 올바른 손씻기
- 올바른 이닦기
- 약은 이렇게 먹이세요
- 예방접종
- 아동표준발육표
- 인공호흡과 심장마사지
- 응급전화번호
- 가정용 구급약품

부록

올바른 손씻기

손씻는 방법만 제대로 알고 실천한다면 많은 질병을 미리 예방할 수 있어요.
실외 뿐만 아니라 새집증후군이나 새가구증후군 등 여러가지 요인으로 유해물질과의 접촉이 큰 손을 올바른 손씻기 방법으로 깨끗하게 지켜주세요.

■ 손씻기는 왜 필요한가요?

　흐르는 물에 비누를 사용하여 손을 씻는 것은 세균이나 먼지를 씻어내어 전염병의 70%이상을 예방할 수 있어요. 하지만 어떤 세균은 땀구멍 깊이 있어서 비누와 물을 사용해서 닦아도 잘 없어지지 않아요. 따라서 위생적인 손씻기를 위해서는 올바른 손씻기를 익히는 것이 중요합니다.

■ 손씻기는 언제 필요한가요?
- 쇠고기, 돼지고기, 닭고기, 생선, 기타 해산물, 가공안된 우유 및 유제품, 날음식, 씻지 않은 과일과 야채, 흙, 정수하지 않은 물, 먼지, 곤충을 만졌을 때
- 행주 사용 및 주방청소를 했을 때, 배변 후, 화장실 청소 시, 변기 손잡이와 수도꼭지를 만졌을 때
- 오래된 책이나 돈을 만졌을 때, 애완동물을 만졌을 때, 컴퓨터, 키보드, 마우스 등을 사용했을 때
- 가족들이 자주 사용하는 전화기와 아이들의 장난감을 만졌을 때

■ 올바른 손씻기 6단계

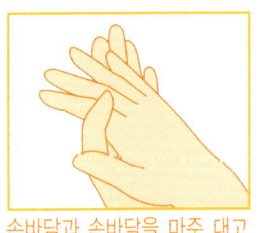
손바닥과 손바닥을 마주 대고 문질러 줍니다.

손바닥과 손등을 마주 대고 문질러 줍니다.

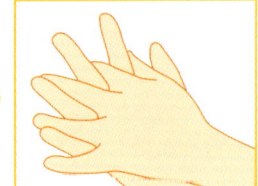
손바닥을 마주 대고 손 깍지를 끼고 문질러 줍니다.

손가락등을 반대편 손바닥에 대고 문질러 줍니다.

엄지 손가락을 다른 편 손으로 돌려주면서 문질러 줍니다.

손가락을 반대편 손바닥에 놓고 문질러 손톱 밑을 깨끗이 합니다.

Appendix

올바른 이닦기

■ 준 비
- 칫솔, 치약, 적절한 높이의 세면대, 거울
- 3세 이전의 유아는 치약을 삼킬 수 있기 때문에 불소가 함유되지 않은 치약을 사용합니다.

■ 방 법
- 칫솔을 물에 적시지 않고 치약만 짭니다.
- 이와 잇몸이 접하는 곳에서 칫솔의 털을 45° 각도로 향하게 합니다.
- 회전식으로 이의 안과 밖을 닦아줍니다.
- 음식을 씹는 면을 닦아줍니다.
- 혓바닥을 닦아줍니다.
- 일정한 순서를 각자 정하여 따르도록 합니다.
- 반드시 보호자가 양치질 마무리를 해주고 여건이 안되면 물 양치질이라도 하도록 합니다.
- 칫솔을 정기적으로 교환해 줍니다.

■ 치아관리
- 이닦기
- 정기적인 치과검진 : 만 3세부터 적어도 년 1회, 만 5세부터는 년 2회 치과 방문

치아건강에 좋은 음식

치아건강에 나쁜 음식

부록

약은 이렇게 먹이세요

영유아는 약에 대한 반응이 빠르고, 체내에서 흡수되어 효과가 나타나는 기전도 성인과 현저히 달라요. 따라서 약을 투여하는 경우 약의 용량에 매우 주의하여야 하며, 안전하고 정확한 방법으로 시행해야 해요.

1 먹는 약

물약은 알코올(대개 구별을 위해 분홍색 첨가)에 녹인 것과 현탁액이 있어요. 알코올에 완전히 녹인 약은 투여하기 전에 흔들 필요가 없으나, 알코올이 날아가는 경우에는 약의 농도가 올라갈 수 있기 때문에 뚜껑을 꼭 닫아 보관해야 해요. 현탁액인 경우에는 먹일 때마다 충분히 흔들어주어야 해요. 그렇지 않으면 내용물이 가라앉아 있어 처음에 먹일 때는 농도가 낮아 약의 효과가 적고, 나중에 먹일 때는 농도가 높아 독성이 나타날 수 있어요.

Appendix

2 안약

물약 : 아래쪽 눈꺼풀을 밑으로 당기며 위를 보게 하세요. 움직이지 않게 하고 흰자위와 눈꺼풀 사이 공간(결막낭)에 한두 방울 투여하세요. 눈의 표면(각막)은 민감하므로 직접 닿지 않도록 해야 해요. 떨어뜨릴 때에는 바깥쪽에서 안쪽으로 흘러가게 떨어뜨리세요. 점적 후에는 눈과 코 사이 누비관을 30초 정도 눌러주세요. 누비관의 점막을 통해 안약이 전신으로 퍼지는 것을 막기 위해서예요.

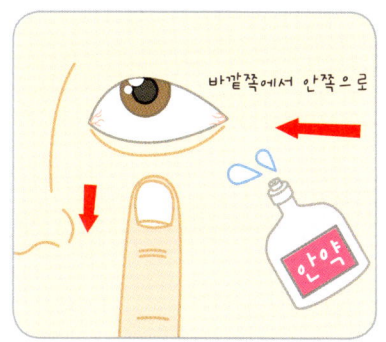
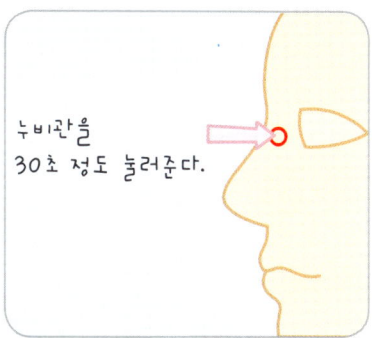

연고 : 하부 결막낭 안쪽에서 바깥쪽으로 향해 짜 넣으세요. 연고를 짤 때 처음 부분은 버리고, 튜브가 눈이나 결막에 닿지 않도록 주의해야 해요.

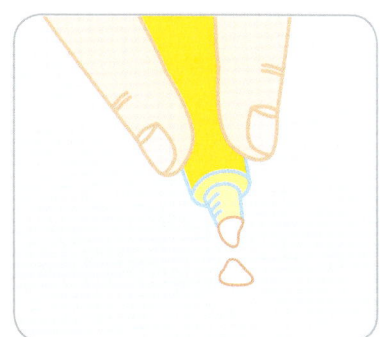
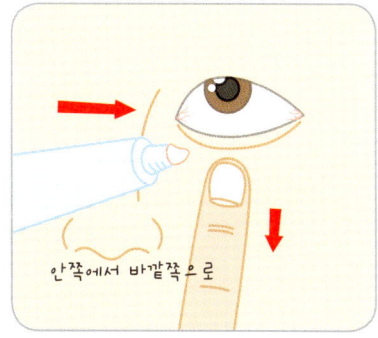

부록

3 귀약

- 귀지를 제거하기 위한 완화제가 있고, 치료 혹은 통증 감소를 위한 약이 있어요.
- 귀약이 차가운 경우에는 어지럼증을 느낄 수 있기 때문에 약을 손바닥으로 몇 분간 잡아 체온과 비슷하게 해주세요.
- 투약할 귀를 위로 오게 한 채 옆으로 누운 자세를 취하게 하세요.
- 귓바퀴를 잡아당겨 외이도를 곧게 해주세요. 3세 미만은 뒤로, 아래로 3세 이상은 뒤로, 위로 잡아당겼을 때 귓속이 가장 잘 보여요.
- 약물을 고막에 직접 떨어뜨리지 않고 흘러 들어가도록 떨어뜨리세요.
- 약물이 고막으로 흘러 들어갈 때까지 귓바퀴를 잡으세요.
- 약을 투여한 후 약 5분 동안 약물이 잘 흘러 들어가도록 자세를 유지하고 있으면 점적한 약물이 밖으로 빠져나가는 것을 막고 약물이 귀 안으로 잘 들어가요.

Appendix

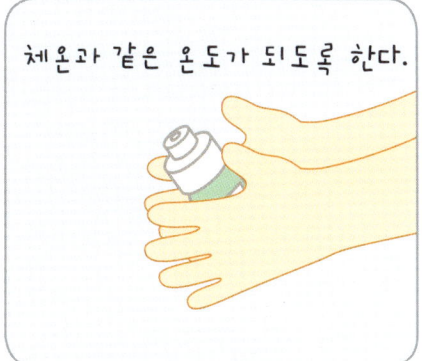

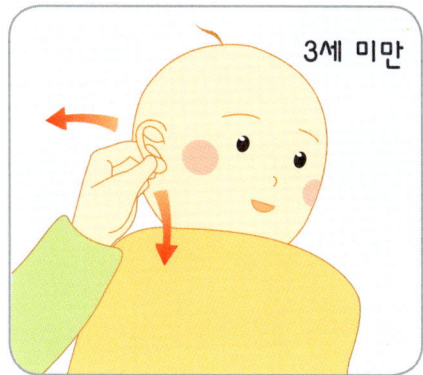

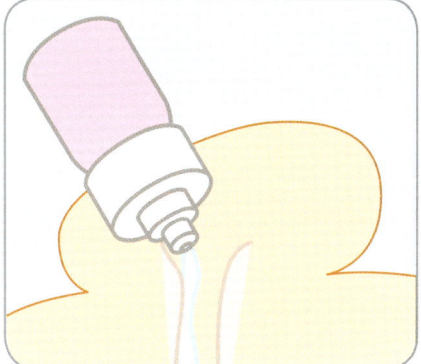

4 코약

- 약물의 온도를 체온과 비슷하게 해야 해요.
- 영아는 팔에 안고 머리를 뒤로 젖혀서 투여하고 유아는 바로 눕혀서 투여하세요.
- 용기의 주입 부분을 코 안으로 조금 넣은 후 용기를 살짝 눌러 약을 떨어뜨리세요.
- 약물 투여 후 1~2분 동안 머리를 낮게 하도록 하고, 자세를 유지하여 약이 스며들도록 하세요.

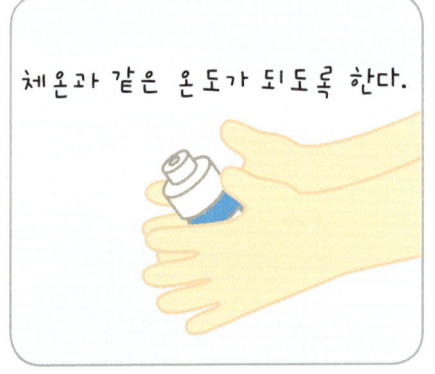

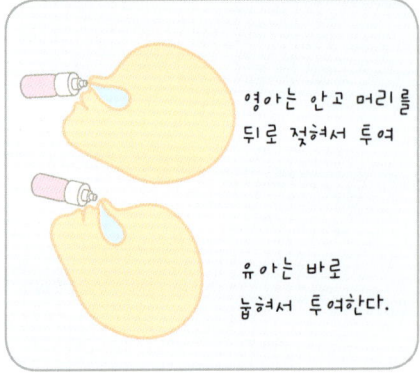

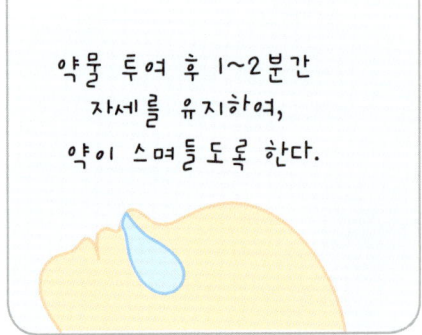

Appendix

5 항문약

- 직장용 좌약은 먹는 약보다 위장관의 자극을 피하고 흡수가 빠른 이점이 있어요.
- 영아는 바로 눕게 하여 무릎을 구부리게 한 후 약지나 검지를 사용해서 투여하세요.
- 5cm 이하로 삽입하고 5분간 눌러주세요.
- 좌약이 직장 벽에 밀착되도록 하며, 대변 속에 놓여서는 안 돼요.

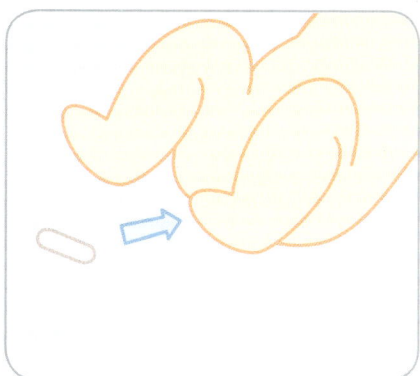
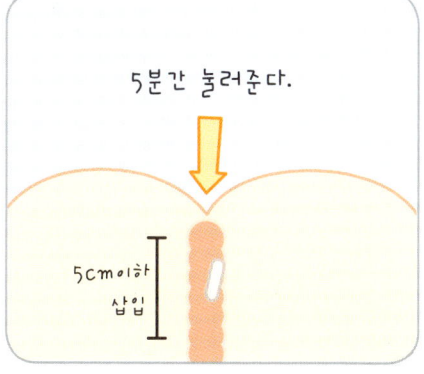

부록

예방접종

병원균이 우리 몸에 침입했을 때 저항할 수 있는 상태를 면역이라고 해요. 면역력이 있으면 질병을 예방할 수 있고, 발병 정도를 줄일 수 있어요.

아기는 태어날 때 모체로부터 면역체를 받아 면역력이 있어요. 그리고 모유수유를 통해 모체가 가진 면역체를 지속적으로 받아요. 그러나 시간이 지날수록 면역력이 떨어지므로 스스로 면역능력을 키워야 해요.

면역능력은 대개 자연적으로 발생되나 의도적으로 면역을 가지도록 해야 하는 경우도 있는데, 이것이 바로 예방접종이에요. 병원물질을 약하게 하거나 변형시켜 만든 백신을 인공적으로 몸속에 투여하여 특정 질병에 대해 우리 몸이 면역을 갖도록 미리 대비하는 것이에요.

예방접종은 이처럼 한 개인을 질병으로부터 지켜주는 역할도 하지만 다른 영유아에 대한 감염을 막고, 지역 전체에 병이 퍼지는 것을 막는 중요한 역할도 해요. 천연두가 지구상에서 완전히 사라졌고, 1984년 이후 소아마비 발생도 보고되지 않는 것이 좋은 예예요. 최근 들어서는 영유아들이 일찍부터 어린이집이나 유치원에서 집단생활을 하므로 정해진 시기에 예방접종을 하는 것이 더욱 중요해졌어요.

Appendix

국가필수예방접종

대상전염병	백신종류및방법	0개월	1개월	2개월	4개월	6개월	12개월	15개월	18개월	24개월	36개월	만4세	만6세	만11세	만12세
결핵	BCG(피내용)	1회													
B형간염	HepB (유전자재조합)	1차	2차			3차									
디프테리아/파상풍/백일해	DTaP			1차	2차	3차			추4차			추5차			
	Td(성인용)													추6차	
폴리오	IPV(사백신)			1차	2차	3차						추4차			
홍역/유행성이하선염/풍진	MMR						1차						2차		
수두	Var						1회								
일본뇌염	JEV(사백신)							1~2차		3차		추4차			추5차
인플루엔자	Flu					고위험군에 한하여 접종									
장티푸스	경구용												고위험군에 한하여 접종		
	주사용									고위험군에 한하여 접종					
신증후군출혈열	주사용					고위험군에 한하여 접종									

기타예방접종

대상전염병	백신종류및방법	0개월	1개월	2개월	4개월	6개월	12개월	15개월	18개월	24개월	36개월	만4세	만6세	만11세	만12세
결핵	BCG(경피용)	1회													
일본뇌염	JEV(생백신)						1차			2차		추3차			
B형 헤모필루스/인플루엔자/뇌수막염	Hib			1차	2차	3차	추4차								
A형간염	HepA						1~2차								
폐구균	PCV			1차	2차	3차	추4차								

부록

* **국가필수예방접종** : 국가가 권장하는 예방접종
* **기타예방접종** : 국가필수예방접종 이외 민간 의료기관에서 접종 가능한 예방접종
* **기초접종** : 최단 시간 내에 적절한 방어면역 획득을 위해 시행하는 총괄적 접종
* **추가접종** : 기초접종 후 얻어진 방어면역을 장기간 유지하기 위해 일정기간 후 재차 시행하는 접종

- **결핵** : 생후 4주 이내 접종
- **B형간염** : 0-1-6개월에 접종
- **DTaP** : 디프테리아, 파상풍, 백일해의 혼합백신으로 총 5회 접종하며, 만 11~12세에 백일해를 제외한 Td로 1회 접종
- **폴리오(사백신)** : 3차 접종은 생후 6개월에 시행하나 18개월 이내에 접종 가능
- **MMR(생백신)** : 홍역, 유행성이하선염, 풍진의 혼합백신으로 총 2회 접종(생후 12~15개월, 만 4~6세)
- **수두(생백신)** : 생후 12~15개월에 접종
- **일본뇌염(사백신)** : 기초접종은 3회(생후 12-24개월에 해당하는 모든 건강한 소아에게 1~2주 간격으로 2회 접종한 다음 2차 접종 12개월 후 3차 접종), 만 6세와 만 12세에 각 1회 추가접종

Appendix

- **일본뇌염(생백신)** : 기초접종은 2회(생후 12~24개월에 해당하는 모든 건강한 소아에게 1회 접종하고 1차 접종 12개월 후 2차 접종), 만 6세에 추가접종

- **Hib(뇌수막염)** : 생후 2개월부터 5세 미만의 소아를 대상으로 접종하며 연령에 따라 1~4회 접종. 면역기능이 저하된 고위험군은 5세 이후에도 접종하며 2개월 간격으로 1~2회 접종

- **A형간염** : 12개월 이상 소아 및 성인을 대상으로 하며, 2회 접종(1차 접종 후 6~12개월 후 2차 접종)

- **폐구균(7가 단백결합 백신)** : 생후 2개월~5세 미만으로 폐구균 감염의 위험이 높은 모든 소아를 대상으로 하며 2, 4, 6개월에 기초접종을 하며 12~15개월에 추가접종

- **폐구균(23가 다당질 백신)** : 2세 이상의 폐구균 감염의 고험군을 대상으로 하며 건강상태를 고려한 담당의와의 충분한 상담이 필요

* 결핵(피내용/경피용), 일본뇌염(생백신/사백신)의 경우에는 두 가지 방식 중 한 가지만 접종
* 표준예방일정에 따라 접종하지 못한 경우(지연접종, 미접종 등) 다음 차수에 대한 예방접종일정이 다를 수 있으므로 자세한 예방접종일정은 방문할 보건소 및 병의원에 확인해야 합니다.

http://nip.cdc.go.kr(예방접종도우미)에서 인용하였습니다.

부록

결석을 요하는 질환

제1군 전염병(콜레라,세균성 이질,장티푸스) 이외에도 학교보건법에 의해 등원이 정지되는 질병이 있습니다. 아래표를 참조하시고, 자세한것은 의사와 상의하세요.

병 명	증 상	잠복기간	결석기간
홍 역	발열,재채기,결막염,발진	9-13일	발진이 없어질 때까지 (발진 후 5일간)
수 두	발열,발진,물집이 생김	10-21일	딱지가 떨어질 때까지 (발진 후 7일간)
유행성 이하선염 (볼거리)	발열,귀밑이 부어오름	7-21일	부기가 다 빠질 때까지 (3주 혹은 그 이상)
풍 진	가벼운 감기 같은 증세, 발열,발진	10-21일	증상이 없어질 때까지 (발진 후 5일간)
백일해	열은 없고 밤에 기침이 심함	7-14일	기침이 없어질 때까지 (발병 약 3~4주)
독 감	발열,기침,목이 아픔, 뼈마디 아픔	1-3일	주요 증상이 사라질 때까지
유행성 결막염	눈이 붓고 흰자위 충혈, 눈꼽이 많이 생김	7일	주요 증상이 사라질 때까지
농가진	얼굴이나 손발에 쌀알 크기부터 대두크기의 발진,수포가 생김	2-5일	염증기가 지나 환부치료, 포대를 하고부터
수족구병	38도 정도의 고열,1~2일간 입안,손발바닥에 수포가 생김	3-6일	주요 증상이 사라질 때까지
전염성 설사증	설사 횟수가 많고 변이 물같고 열이나며 감기증상을 동반함	2-4일	주요 증상이 사라질 때까지
간염(A형)	식욕부진,두통,열,황달,관절통	10-15일	주요 증상이 사라질 때까지
디프테리아	미열,인후통,기침,쉰 목소리, 두통,편도선 비대,회색반점	2-4일	배양검사가 2회 이상 음성으로 나올 때까지

Appendix

신 체 검 사 표

검사일시 \ 항목	키(cm)	몸무게(kg)	가슴둘레(cm)
월 일			
월 일			
월 일			
월 일			
월 일			
월 일			
월 일			
월 일			
월 일			
월 일			
월 일			
월 일			
월 일			
월 일			
월 일			

표준 발육표 (남아 0~36개월)

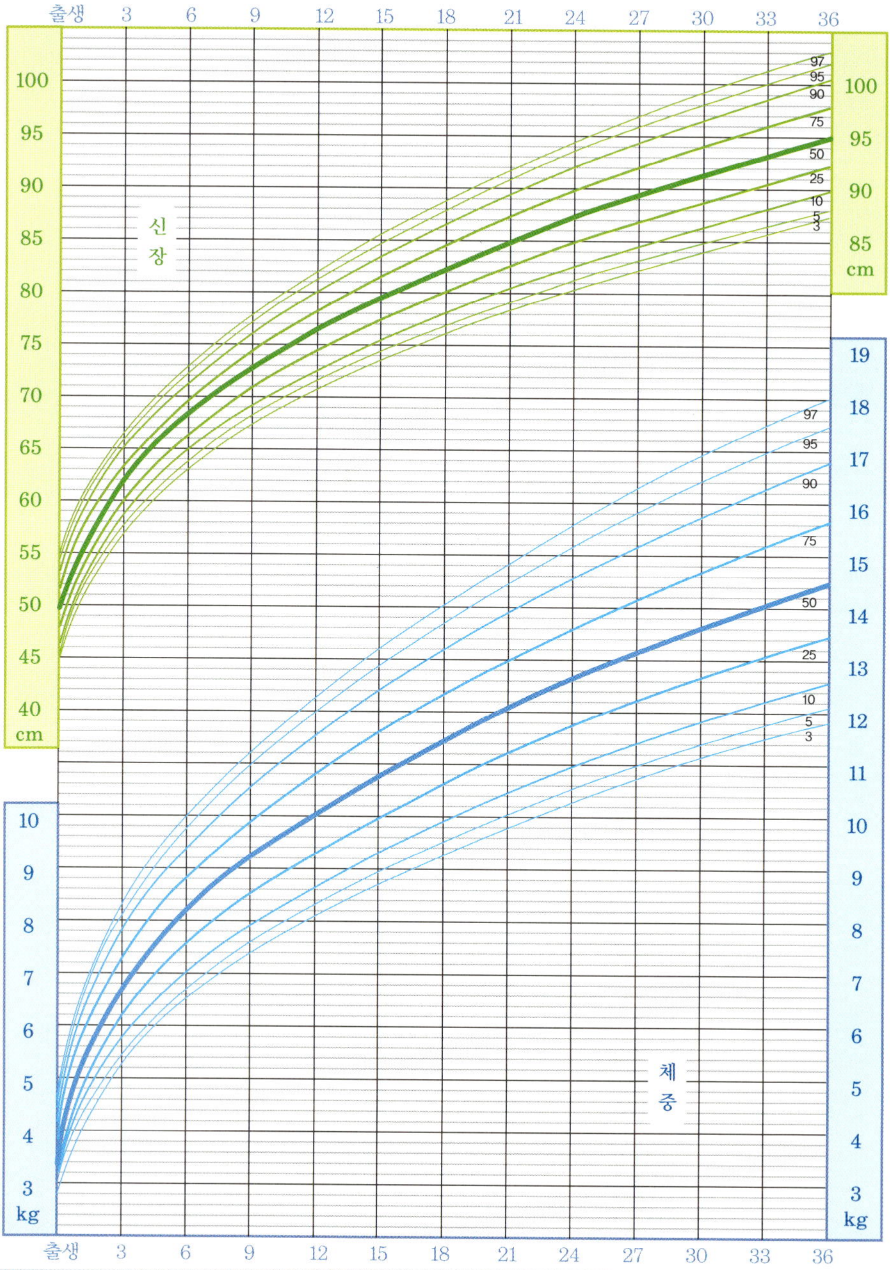

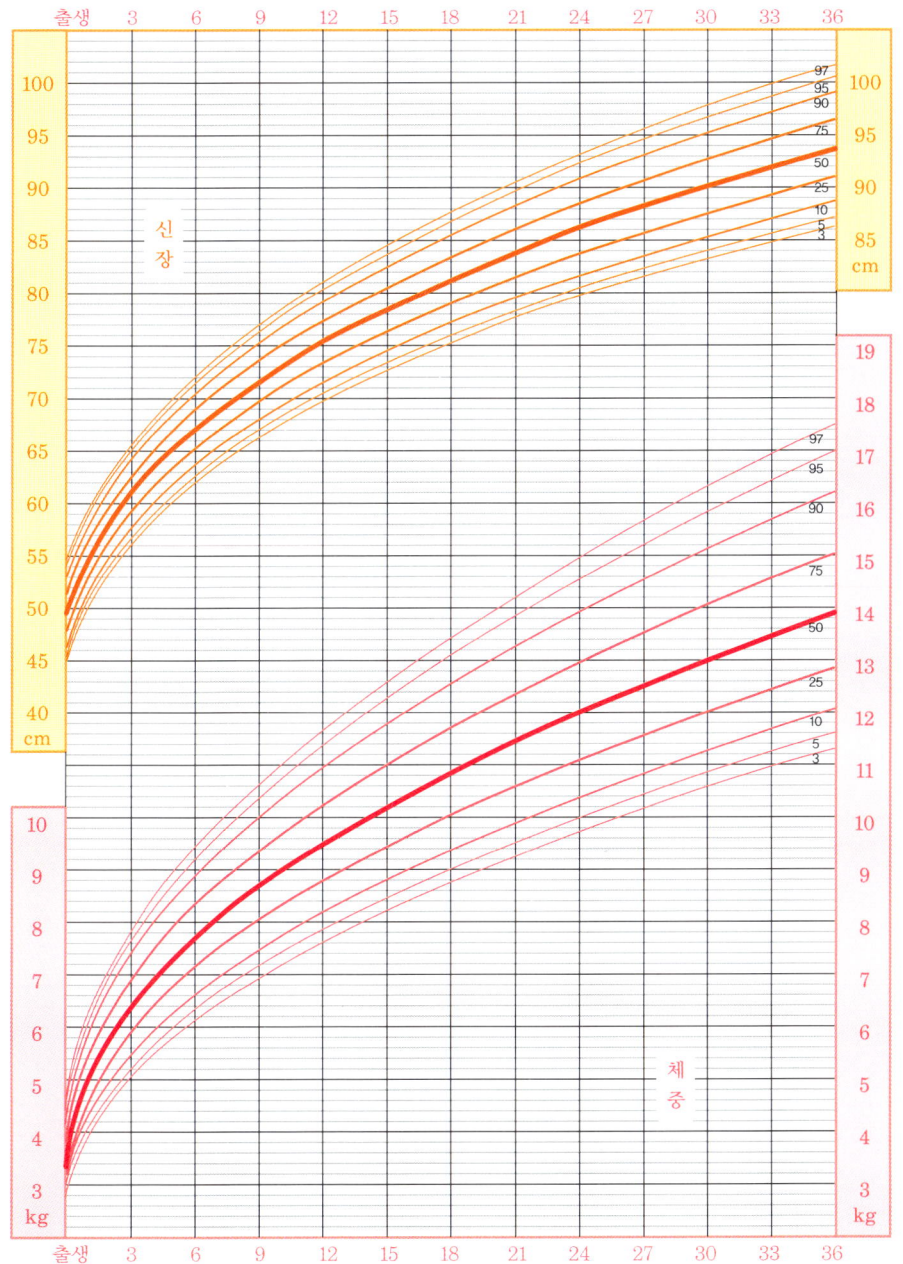

부록

인공호흡과 심장마사지

우리의 뇌는 4~5분만 산소 공급이 되지 않아도 손상을 입기 시작해 회복이 어려워요. 따라서 모든 응급처치 중 가장 긴박함을 요하는 시술이에요. 심폐소생술의 기본 원리는 영유아, 성인 모두 같지만 심폐 정지를 일으키는 원인이 서로 다르기 때문에 약간의 차이가 있어요. 심폐소생술의 관점에서는 대개 1세 이하를 영아, 1세에서 8세까지를 소아, 8세 이상은 성인으로 나눠요.

영아 및 소아들의 심폐 정지의 주원인은 다음과 같아요.

① 장난감, 구슬, 단추, 동전, 사탕 등에 의한 기도 폐쇄
② 약물중독
③ 목걸이 혹은 끈이 목에 감김
④ 상기도 감염
⑤ 익수
⑥ 급성 영아사망증후군

Appendix

1 인공호흡

① 아이의 어깨를 가볍게 흔들거나 볼, 발바닥을 살짝 때려보아 의식을 확인하세요.

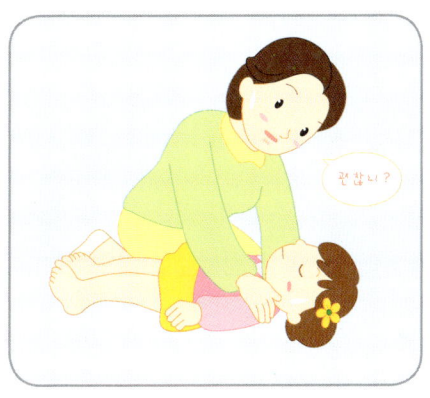

② 주위 사람에게 119 신고를 부탁하거나 직접 하세요.

③ 아이를 평평한 곳에 똑바로 눕히세요. 만일 아이가 엎어져 있다면 척추 손상에 유의하여 한 손으로는 목과 머리 뒤를 지지하고 다른 한 손으로는 엉덩이를 잡아 처치하는 사람쪽으로 통나무 굴리듯이 굴립니다.

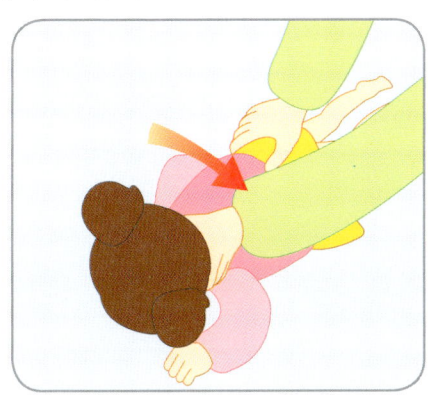

④ 입을 벌리고 목구멍 속을 들여다보아 물, 침, 음식물 같은 이물들을 먼저 제거하여 숨길을 열어주세요(목구멍에 이물질이 걸렸을 때 참조).

⑤ 귀를 아이의 입이나 코에 대거나 눈으로 배·가슴을 보아 숨을 쉬는지 확인하세요.

⑥ 숨을 쉬지 않으면 머리를 뒤로 젖히고 턱을 올려 기도를 확보하세요. 머리를 뒤로 젖히고 턱을 올리는 정도는 연령에 따라 달라요. 소아는 머리를 살짝 젖혀주고 턱도 살짝 올리는데, 영아는 목 밑에 수건 같은 것을 받쳐주는 것만으로도 충분해요. 기도가 일직선이 되게끔 하는 자세입니다.

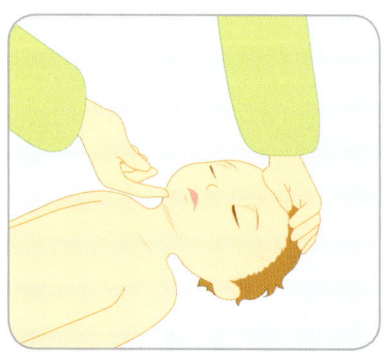

Appendix

⑦ 자세를 그대로 유지하며 다시 숨을 쉬는지 확인하세요.

⑧ 숨을 쉬지 않으면 ⑥번 자세에서 천천히 두 번의 숨을 불어넣어 주세요. 영아의 경우 입과 코에 한꺼번에 불어넣고, 소아의 경우 코를 잡고 입에 숨을 불어넣으세요. 가슴이 올라와야 제대로 숨이 들어간 거예요. 숨을 불어넣은 후에는 숨을 다시 내쉴 수 있도록 잡았던 코를 놓아주세요.

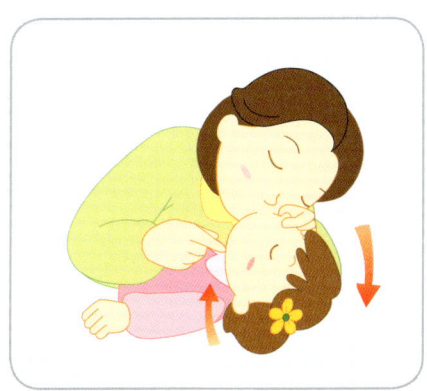

부록

⑨ 5~10초 동안 맥박을 확인하세요. 영아는 겨드랑이와 팔꿈치 사이에 있는 동맥을 만져보고, 소아는 목에 있는 동맥을 찾아 만지세요.

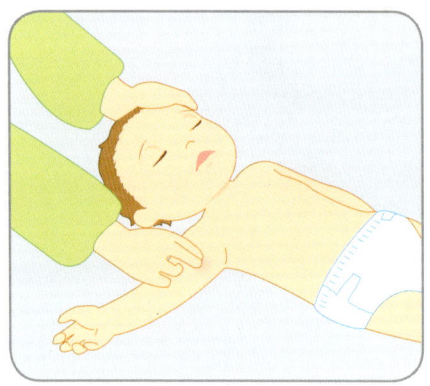 

⑩ 맥박이 뛰지 않으면 심장마사지를 실시하세요.

2 심장마사지

① 영아의 머리는 계속 뒤로 젖혀둔 채 양 젖꼭지를 이어 가상의 선을 긋고 몸의 중심선과 만나는 지점에서 검지, 중지, 약지 손가락 세 개를 대세요. 머리 쪽에 위치한 손가락을 뗀 후 두 손가락으로 가슴 중앙 부분을 30회 누르세요. 소아는 가슴 중앙을 한 손 또는 두 손으로 30회 압박하세요. 이때 누르는 손은 어깨와 수직이 되게 하세요. 영아, 소아 모두 1분에 100회 정도의 속도이며, 영아는 1.5~2.5cm, 소아는 2.5~3.8cm 깊이로 누르세요.

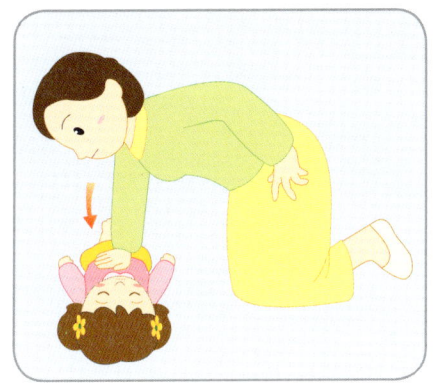

② 다시 인공호흡을 2회 실시해 주세요. 심장마사지와 인공호흡의 비율은 30 : 2로 영아, 소아, 성인 모두 동일해요. 약 2분간 5번의 심장마사지와 인공호흡을 한 후 맥박을 확인하세요.

③ 회복되면 중지하고 그렇지 못하면 119가 올 때까지 심폐소생술을 계속하세요.

부록

응급전화번호

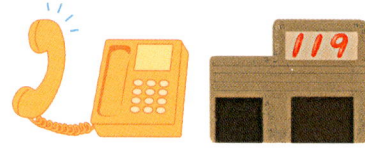

119

전국 어디서나 지역번호, 국번 없이 119

1339

유선전화 : 국번 없이 1339

휴대폰 : 지역번호 + 1339

그 외 응급 시 도움을 받을 수 있는 병원의 전화번호를 전화기 옆에 항상 비치해 두세요. 그리고 타지에 갈 때는 가는 곳 주변의 병원 상황을 미리 파악하여 전화번호를 알아두세요.

119나 1339에 전화를 걸었을 때는

① 사고(부상자) 발생 위치를 정확하게 말하세요. 주소 또는 근처의 큰 건물 등 위치를 확인할 수 있는 지형물을 알려주세요.

② 부상자의 현재 상태를 알려주세요.

③ 현재 주변 상황 등을 신속하고 침착하게 말하세요.

④ 신고자의 전화번호와 인적 사항을 말하세요.

Appendix

가정용 구급약품

· 처치에 필요한 재료

일회용밴드, 너비가 다른 2~3종류의 붕대, 탄력붕대, 멸균거즈, 소독솜, 반창고, 일회용 장갑, 삼각건, 안전핀,

· 처치에 사용하는 기구

가위, 핀셋, 면봉, 족집게, 체온계, 플래시, 얼음주머니, 찜질팩

· 먹는 약

해열진통제, 소화정장제

· 바르는 약

암모니아수, 상처용 외용연고, 근육마사지용 연고, 칼라민로션, 화상연고, 물파스,

· 소독약

과산화수소수, 포비돈요오드액, 소독용 알코올

· 기타 약제

관장약, 좌약 해열제, 생리식염수

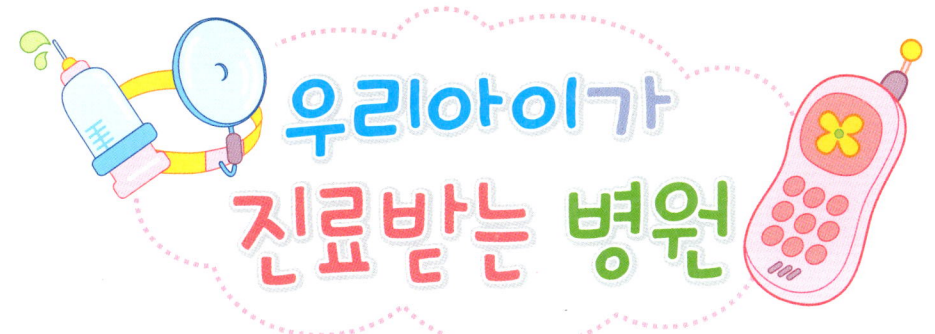

병원이름	전화번호	진료시간

참고문헌

김동원(2006). 그림으로 배우는 응급처치. 21세기사.
보건복지부 질병관리본부 2007년 10월 19일 보도자료
소방방재청 홈페이지
예방접종도우미 홈페이지
전국보육교사교육연합회(2006). 아동안전관리. 형설출판사.
전국보육교사교육원대학협의회(2005). 영유아안전관리 및 응급처치. 양서원.
정미라 외(2004). 유아건강교육. 양서원.
최옥순 외(2007). 영아보육전문교육과정 I. 경기도보육교사교육원연합회